岭南好风尚丛书

岭南校训

顾作义 主编

南方日報出版社
NANFANG DAILY PRESS
中国·广州

图书在版编目（CIP）数据

岭南校训 / 顾作义主编. — 广州 ： 南方日报出版社, 2018.3
（岭南好风尚丛书）
ISBN 978-7-5491-1621-8

Ⅰ. ①岭… Ⅱ. ①顾… Ⅲ. ①校园文化—研究—广东 Ⅳ. ①G47

中国版本图书馆 CIP 数据核字(2017)第 156001 号

LINGNAN XIAOXUN
岭南校训

主　　编：顾作义
出版发行：南方日报出版社
地　　址：广州市广州大道中 289 号
责任编辑：阮清钰　史成雷
装帧设计：邓晓童
责任技编：王　兰
责任校对：阮昌汉
经　　销：全国新华书店
印　　刷：广东信源彩色印务有限公司
开　　本：787mm×1094mm　1/16
印　　张：17.5
字　　数：285 千字
版　　次：2018 年 3 月第 1 版
印　　次：2018 年 3 月第 1 次印刷
定　　价：46.00 元

投稿热线：（020）87373998-0503　读者热线：（020）87373998-0502

网址：http://www.nanfangdaily.com.cn/press　http://www.southcn.com/ebook

前言

qianyan

何为“校训”？舒新城主编、中华书局1930年出版的《中华百科辞典》，对“校训”的解释是：“学校为训育之便利，选若干德育条目制成匾额，悬见于校中公见之地”，“目的在于使个人随时注意而实践之”。1988年出版的《汉语大词典》对校训的解释是：“校训，即学校为了进行道德教育的方便，选择若干符合本校办学宗旨的醒目词语，作为学校全体人员的奋斗目标。”简而言之，校训是用非常简短的话（通常是对仗短句）表达的广大师生共同遵守的基本行为准则与道德规范。在我国，校训是伴随着清末新政废科举、兴学堂的特殊时期，从日本引进的舶来品，因此，除了近现代的学校，我们古代的书院并没有校训，但它们往往都有自己独特的教育理念，这些教育理念，其实就是我们现代学校校训的滥觞。在本书的编写过程中，我们将一切能体现古代书院教育理念的载体均视同于现代的校训，其表现形式非常多样，如学约、章程、书院记、创办人或主讲人教育理念、考课方式等等。

被喻为“象牙塔”的校园，往往被视作思想净土、道德高地，人们对它充满了深切期待，校园也承载了教书、育人的重大责任，而校训则是引领学校前进的方向标。校训代表了一个学校的核心教育理念，它既是一个学校办学理念、治校精神的反映，也是校园文化建设的重要内容。校训是一个标尺，可以激励和劝勉在校的教师和学子们，主导他们的一言一行。以校训为载体，弘扬真善美爱的价值观，才能推动实现教育的价值回归，才能培养优秀的现代公民，反过来，也才能让校训恒久传承、熠熠生辉。校训同时承载着独特的历史传统，标注着鲜明的时代气质，是一所学校，尤其是较有传统的学校最重要的精神财富之一，也是一所学校区别于其他学校、体现自身独特性的最重要的标志之一。

岭南校训是岭南文化的组成部分，具有鲜明的特色。岭南文化基于岭南独特的地理环境和历史条件，以农业文化和海洋文化为源头，在其发展过程中不断吸取和融汇中原文化和海外文化，逐渐形成了特色鲜明、充满生机活力的地域文化。岭南面海而生，偏居一隅，自古以来就形成了“开放”的文化特色，岭南校训也普遍注重兼收并蓄、有教无类，学习吸收其他优秀文化，比如明朝时岭南学派开创者陈白沙于江门新会建小庐山书院，就将“有教无类”作为宗旨，短短数年间“四方来学者不啻数千人”，培养出三部尚书湛若水、内阁首辅梁储等名臣。岭南文化的另一个精神内核是“进取”，从开创南禅的六祖惠能，到开创岭南学派的陈白沙，再到近代革命家孙中山、思想启蒙运动先驱梁启超等，岭南一直展现出一种超越“传统导向”的精神，在这种精神的影响下，岭南校训普遍重视独立思考，崇尚实学，比如清道光年间创办的学海堂，非常重视学生自学，力求培养经世致用的新人才，每年都会举办各种聚会，师生们在聚会上促膝交谈，交流学习心得。清末康有为创办的万木草堂，则专为宣传改良主义思想，培养出梁启超等著名的维新变法人才。

岭南地区的书院大体发端于两宋，兴盛于明，到清朝中后期达到巅峰。此后，西学开始兴起，书院纷纷改建成近代学堂，大大推动了近代教育的发展和启蒙思想的传播。民国成立以后，尤其是新中国成立以后，覆盖所有适龄学生的大学—中学—小学现代学校体系逐渐建立起来，教育真正突破了阶层、收入等的界限，彻底实现了“有教无类”。在古代书院—近代学堂—现代学校这一流变脉络中，岭南校训“兼收并蓄、有教无类、善于吸收”“独立思考、崇尚实学”的精神内核始终得到传承，但在形式和内容上不断创新。比如，古代书院重视引入中原文化，而近代学堂的一大突破是注重引进海外文化；古代书院崇尚的实学主要是经史训诂，而近代学堂和现代学校则主要是现代科学知识，古代书院虽强调“有教无类”，但能够进入书院读书的毕竟是极少数；到了近代学堂阶段，学生的规模开始扩大，但仍然只有少数人能够进入学堂读书，而到了新中国成立以后，随着现代学校体系的建立，今天已经可以实现所有适龄儿童都能够进入学校读书。可以说，正是岭南校训在传承中的不断创新，使得岭南的教育机构始终能够保持生机和活力，承担起传承岭南文化和引领风气的重任。

本书收录的教育机构选取标准，主要遵循以下原则：

一、古代篇和近代篇收录的书院或学堂、学校，均是在广东历史上具有重要地位的教育机构，两者以1840年为分界线，古代尚有一些较为重要的书院，因资料缺乏，只能放弃编选。现代篇则收录现今仍然存在的教育机构。

二、近代或现代的有些学校、学堂，往往有一个更久的历史溯源，本书只取其一个历史阶段进行重点阐述。比如广雅中学来源于广雅书院，则只选取广雅书院时期进行重点阐述，广雅中学阶段则简略概述。

三、古代篇和近代篇的排序，首先是按照21个地级以上市的顺序，在地级以上市之内，再按照创建时间（创建时间以正式定为最终名称的时间为准）排序。

编　者

2017年12月

目录

mulu

古代篇

粤秀书院

简　史

粤秀书院创办于清康熙四十九年（1710 年），由两广总督赵宏灿等创建，是清廷御批的官办学院，为广东四大书院之首。原址位于现在的广州市北京路书院街，正南门内盐司街原盐司旧署，今已不存在。因书院位于粤秀山之南，故名粤秀书院。粤秀书院创办以后，受到清廷和地方官的关顾，迅速发展成为省的文化教育重心，有“海滨邹鲁”之称。粤秀书院于雍正、嘉庆、同治三朝屡次重修，以嘉庆二十五年（1820 年）规模最大。2013 年 7 月，在广东省政府有关部门的关心和支持下，粤秀书院复建，成为广东省民政厅首家批复成立的书院。

训 规

粤秀书院的宗旨首先是使学生在书院得到道德教化，重品行，树立优良传统道德。其次，是让学生参加应试科考，成为良臣。乾隆二十年（1755年），冯成修任山长，制定《粤秀学约》，嘉庆六年（1801年）冯敏昌掌教时又对《粤秀学约》进行增订，嘉庆十四年（1809年），督、抚对原书院规条进行了重新厘定。

粤秀书院条规十八则（1809年作，节选）

为重订书院规条以崇实学事：照得粤东为东南文物之邦，书院乃人才荟萃之地，历有规条，至详且备。兹督部堂、抚部院复加检阅，尚有宜因时斟酌者，重行厘定。凡在院诸生，总期屏黜浮华，敦崇实学，以培国家有用之真才，实有厚望。所有规条，胪列于左：

重建后的粤秀书院

一、每月逢二八日上堂讲书，不拘四书、五经、诸史，听院长抽阅发问，诸生务宜各抒心得，贯串义蕴，明白宣讲，则平时义理精熟，不特识见开朗，作为文辞自无剿说之弊。其有疑义，登堂质问。

一、每月课期，初三定为官课，十三、二十三定为馆课。两院于四季孟月轮课，司道仲季两月轮课，院长每月两课。

一、每课四书文一篇，试帖诗一首。现在功令，五经并试，首场作论改为试帖，科岁两试亦止策及经文。今课期制艺试帖之外，如遇日永余闲，应作经文及策，或作律诗、经解，停止作论。

一、课期，诸生黎明登堂，向院长揖坐，封门发题。如官课，委员监场，监院教官于课日清晨请题封发，试卷即日收齐，次早该委员呈送，不得假手院役滋弊。至馆课，即令监院监场。

一、课试文体以清真雅正为宗，绝去肤庸之习。诗体以唐人试帖为准，制题工稳，尤贵各尽所长、独出心裁。如有全抄刻文及全卷雷同并不能完卷者，正、外课俱降附课，附课除名。

以上各条，课试有程，激劝有道，诸生果能恪行遵奉，共切观摩，何患学不日进，底于大成。至饬躬明伦，读书不负，则屏间鹿洞学规赅括无遗，院长以经师而为人师，循循善诱，惟在诸生虚心领受，实力讲求，立志日新，定能月异，实学三载，宾兴伫卜，连茹之庆，他日文章，报国远大之规，皆基于此，不其休哉！

名人

梁启超

梁启超（1873—1929），字卓如，一字任甫，号任公，又号饮冰室主人、饮冰子、哀时客、中国之新民、自由斋主人。广东新会人。近代思想家、学者、维新运动领袖之一。早年曾在粤秀书院学习，后师从康有为，积极参加组织维新运动，世称“康梁”。晚年任清华研究院导师，讲学著述。于文、史、哲、佛学、政治、经济诸多领域均有杰出成就。著作编为《饮冰室合集》等。

故事

宋湘执掌粤秀书院

宋湘作为清代中叶一位有名的诗人、书法家和教育家，27 岁时在广州粤秀书院肄业。嘉庆八年（1803 年），宋湘又回到粤秀书院，以堂堂院长的身份去执掌教席。两年中，他夙兴夜寐，为发展广州地区的教育事业做出了贡献。他深悉寒窗之苦，对穷学生特别关照，加之褒贬公正，在学员中享有崇高威望。宋湘主讲粤秀书院时，适值冯敏昌亦掌越华书院教席，两院相距不过一公里，于是两人时相过从，论学谈文。冯氏殁后，其门人梁炅携冯诗册稿本至京师，请在京的翁方纲、吴嵩梁、秦瀛、陈寿祺、宋湘等斟酌选定，得四百余首，即传世的《小罗浮草堂诗集》。

宋　湘

宋湘（1757—1826），字焕襄，号芷湾，清代中叶著名的诗人、书法家、教育家，政声廉明的清官，曾任粤秀书院山长（院长）。

越华书院

简　史

越华书院，位于广东广州今越华路。清乾隆二十年（1755 年）盐运使范时纪及商人为培育寄籍广东之商人子弟，而集资购布政司后街一所旧宅创建。延请名宿为山长，以培养“处则抱真学问，出则有真经济”之人才。嘉庆十一年（1806 年）盐运使蔡共武捐廉银修葺。光绪二十九年（1903 年）十月废，光绪三十年（1904 年）二月以其地改建广州府中学堂。

训　规

越华书院的教学目的强调以道德教化为主，但实际还是以科举为重。1841 年，时监院梁廷枏制《越华书院规条》。

越华书院规条（1841 年梁廷枏作）

凡人才必关乎作育，作育先本乎劝惩，劝惩莫大乎升降。向例区分正、外、附三课，当甄别时已定其差等矣。故升之无可升者，正课是也。然超、特有奖，决科试必首举之，是即通乎升之之义，不升而升则劝矣。降之无可降者，附课是也。然后十名三次者出院，是殆充乎降 之之类，不降犹降则惩矣。越华初设，必有简便易行之条款，其奈阅时既久，册籍遗失，无可复问。监理者只按理度情而行，同不如粤秀之大书特书、明揭讲堂也。惟每岁甄别榜发，必有院牌行监官（按：一面迳行，仍一面发司道转行），详载升降之法，犹可得其纲领。倘能不瞻徇情面，而行之勿替，则规条莫大于是。其法合官院课而计其优劣，凡超等次数多者，由附升外，由外升正，降则阅课时先以雷同卷置后，无雷同则以最荒谬卷当之，谓之后十名（按：此属统词，不拘名数也）。亦由正降外，由外降附，由附出院，此黜陟之大较也。

诸生之去留，以考课为定，考课之优劣，以文艺为定。然不关考课、文艺者，如在院而喧哗群饮，聚众赌博，获罪师尊，凌铄朋辈，凡一切违背学规者；在外而包揽词讼，招摇撞骗，酗酒宿娼，凡一切违反功令者，皆应驱除出院。然规法在所必行，而学人恒多自爱，则是非疑似之际，闻见未的，而徒凭耳食，鲜有不决裂者，当斯任者，不可不时存此念也。

按：群居之弊，自应首严赌博。然当岁晚散馆后，课停事少，或同住一二朋侪，借博弈以消闲昼，古人所谓犹贤乎已。其情事亦与聚赌者迥别，当善劝之可矣。忆乙未之冬，院中偶有似此者，为监院官所斥，语且过激，未尝稍留馀地。此生不复能忍，于是反唇相稽，监院遽以窝赌诣陈上官，时当道谓事果不谬，宜补牍听查办。监院返复以卑衔具牍通揭，而狱行矣。予时在海防书局，会邓嶰筠制府初至，院长陈舍人代白其诬，制府乃召予询之。予以所见对，制府叹曰：书院之意，奖励多而惩戒少，岁晚务闲，偶为此戏，律以公义固不可，然此士大夫私居之所不免者，而深文以责之秀士，监院毋乃太过乎？令学师教之，事乃已。夫上官方加意整顿士习，责其成于监院，在省会严密清肃之地，一经禀揭，自当风行雷厉，以戒效尤，而昭炯鉴。是所发于己一时之意气者甚微，而关于人终身之成败者甚钜。当时，予力为开导，而盛气之下，言不见听，方且自咎其诚之不足以感人，今念之犹怏怏也。

道光己亥，林少穆尚书来粤清查海口禁物，以六月公暇，会试三书院生监于广州考棚。试诗文外，别刊条纸，访鸦片积弊，使各以己见条陈于上，择可採者而次第行之。明年正月，代督两粤，培植有加，令监院官会议整饬章程讲稿。诸同事使予主稿，正议定缮呈间，适甄别试日，署运使王宝山先生临贡院，亦以制府意殷嘱速议。于是，列折由运使转呈，内分四条：一、甄别须分场扃试，一、住院须认真清厘，一、课期须令亲到考课，一、监生不准冒填脚色。制府亟称妥善。会海夷滋扰，无暇及此，制府去，而当事方讲团练，未便重缮请行矣。

按：此次招考示文，骈体极典切华赡，尚书笔也。试日不取供应。时学使戴醇士先生方出考他郡，尚书率予辈监试，竟日以棚中旧存竹椅子为坐具，袍后横印竹文，无垫褥故也。及午，入观九曜石，盘桓于方池密树间，相与披苔剥鲜，寻米书题字，谈甚适，甫出，而学使会以日晡返，启门迓之。今事越数载，光景犹依稀如昨也。

名人

越华书院记（1755年范时纪作）

尝考齐鲁接壤，齐地滨海，以鱼盐甲天下，而礼教信义独重宗邦。今粤东僻处炎徼，素称海滨邹鲁，诚所谓南海盛衣冠之气者耶！

我朝菁莪棫朴之化溥遍天下，党庠术序而外，各省复创建书院，作育人材，超越千古。粤东向有粤秀书院，人文称盛。而商人子弟寄籍于此者未有藏修之地，众商深以为歉，积志已久，因合词吁请余转申制抚。俱蒙嘉予，且捐资首创，即命予酌藏其事，于是众咸踊跃乐输己资，遂买旧宅一区而更新之。其中屋宇池亭以及草木竹石原已略具，因为稍为布置。前建讲堂，后建书楼。余胥为弦诵肄业之宇，宜朴而固，勿事貂华，盖取其地幽静，足以收检身心而已耳。工既竣，宪制颜其额曰“越华书院”，躬莅课艺而加奖励。众商感激，复捐项生息以充膏火，用垂永久。于是敦请名宿为山长，俾得有所折衷，庶业不荒而名有由成矣。

肄业于是者，息游有地，董劝有资，乐群砥砺之余，果能当身体验能自得焉，将处则抱真学问，出则有真经济，庶不负大宪之栽培训迪而共相沐浴于圣朝之雅化，将见士气日新，人才辈出，使海滨邹鲁名实相副。余且拭目俟之。

梁廷枏

梁廷枏（1796—1861），清代学者、文学家。广东顺德人。曾任学海堂学长，越华书院监院，粤秀书院监院，广东海防书局、粤海关志局总纂。勤于著述，其《海国四说》为鸦片战争后首批介绍西方世界的著作之一，《粤海关志》《南汉书》等是重要地方史志著作；《藤花亭曲话》《昙花梦》等四种是中国戏剧史重要著述。

故事

林则徐以越华书院为行辕

道光十九年正月二十五日（1839 年 3 月 10 日），林则徐作为钦差大臣，到广州查禁鸦片时，梁廷枏举家迁出书院，为林则徐腾出房舍做行辕，但林则徐却看重梁廷枏的知识才华，常邀他到行辕倾谈。林则徐以越华书院为行辕原因有三：一是与该院监院梁廷枏友交，可借阅梁廷枏的著作《粤海关志》，知悉粤海防与涉外商务资料，助其制定禁烟措施；二是通书院，近民众，以察社会风情；三是联络羊城各书院士子，观风问卷。林则徐选择此处作为驻节行辕，对其后查烟贩、筑炮台、练水勇裨益甚大。其间，梁廷枏把海防资料一一绘制成图，交给林则徐，作为整饬海防的参考。为了了解当时的社会舆情，林则徐请梁廷枏召集了越华、粤秀、羊城三所书院 645 人，借考棚进行一次“观风试”，也就是对鸦片贸易、民情吏治的问卷调查，对林则徐的决策，起到了重要的辅助作用。

叶恭绰

叶恭绰（1881—1968），字裕甫（玉甫、玉虎、玉父），又字誉虎，号遐庵，晚年别署矩园，室名“宣室”。祖籍浙江余姚，生于广东番禺书香门第，祖父叶衍兰（兰台）金石、书、画均闻名于时。晚年主讲越华书院。早年毕业于京师大学堂仕学馆；后留学日本，加入孙中山领导的同盟会。曾任北洋政府交通总长、孙中山广州国民政府财政部长、南京国民政府铁道部长。1927 年出任北京大学国学馆馆长。新中国成立后，曾任中央文史馆副馆长、第二届全国政协常委。

学海堂

简　史

清道光四年（1824年）春，著名汉学家、两广总督阮元开学海堂。他捐出自己的“廉俸”，还发动各官绅捐资赞助，又刻售《皇清经解》1400卷，以充经费。选址方面，经反复筛选，最后定于越秀山麓（今广州二中址），最后书院于道光四年（1824年）落成。学海堂建立学长制、季课制、专课肄业制、刊刻制等，大开崇尚汉学之风。学海堂重视刻书，刻书之多仅次于广雅书院，藏书亦甚丰富。咸丰年间，英军侵占广州，马队驻于讲肆中，建筑多遭破坏，至同治元年（1862年）才修复。两年之后，巡抚郭嵩焘增设数学课，恢复招生。自后数十年弦歌不绝，共招专课肄业生十六届，共260人。光绪二十九年（1903年），改为阮太傅祠，以纪念阮元。

训　规

学海堂一改清代学院专讲性理、专课八股时文之风气，崇尚实学，专重经史训诂，实行新的教学模式，注重学生自学，力求培养经世致用的新人才，可以说是广东新书院的开端，开广东近代高等教育的先河。

学海堂集序（阮元作，节选）

古者卿大夫士者皆有师法。周公尚文，范之以礼；尼山论道，顺之以孝。是故约礼之始，必重博文，笃行之先，尚资明辨。《诗》《书》垂其彝训，《传》《记》述其法语，学者诵行，毕生莫罄，譬之食必菽粟，日不可废，居必栋宇，人所共知，奚更立言以歧古教哉！若夫载籍极博，束阁不观，非学也；多文殊体，辍笔不习，非学也。次困之士，仅黾勉于科名语上之俦，讵愚避其耳目，率曰“乏才”，岂其然欤？

学海堂遗址

名人

阮　元

阮元（1764—1849），字伯元，号芸台、雷塘庵主，晚号怡性老人，籍贯江苏仪征。乾隆五十四年（1789年）进士，先后任礼部、兵部、户部、工部侍郎，山东、浙江学政，浙江、江西、河南巡抚及漕运总督、湖广总督、两广总督、云贵总督等职。历乾隆、嘉庆、道光三朝，任体仁阁大学士，太傅，谥号“文达”。他是著作家、刊刻家、思想家，在经史、数学、天算、舆地、编纂、金石、校勘等方面都有着非常高的造诣，被尊为三朝阁老、九省疆臣，一代文宗。

学海堂章程（阮元作）

一、管理学海堂，本部堂酌派出学长吴兰修、赵均、林伯桐、曾钊、徐荣、熊景星、马福安、吴应逵共八人，同司课事。其有出仕等事，再由七人公举补额，永不设立山长，亦不允荐山长。

一、每岁分为四课，由学长出经解文笔，古今诗题，限日截卷，评定甲乙，分别散给膏火。学长如有拟程，可以刻集，但不给膏火。

一、向来发榜，不分等第；今由学长办理，应酌定等第及膏火数目，但须查明经费之数，量入为出。

一、收卷编列字号，给与收票。发榜之日，每名下注明取经解、取赋、取诗字样。

一、课卷可备选刻者另钞一册，由学长收存，俟可以成集之日，照《学海堂初集》例，选改发刻。

一、学海堂数年膏火，皆本部堂给发；但一无经费，难以垂久。现有番禺县八塘海心沙坦二十三顷四十亩零，黄应中等每年纳租，除完纳钱粮外，实银四百五十七两零。又镇涌海心沙坦二顷三十七亩零，潘文典等每年纳租一百十八两零。俱归入堂中，作为经费。

一、前曾发银三百两，交文澜书院生息，以为司堂工食。现在本部堂又发银三千七百两，并前三百为四千两，仍按月生息，以增经费。

一、堂侧添建小阁，庋藏书板，及将来刻集工价，均在经费节存内动支。

故事

学海堂特殊的教育方式

学海堂书院每年举办各种聚会，师生们在聚会上促膝交谈，交流学习心得。每年正月二十日是阮元的生日，书院举行团拜。每年七月五日是汉代经学家郑玄的生日，书院举行祭礼仪式。其他如中秋月圆、重阳菊开、冬梅报春之时，也都是书院的雅集召开之日。这种生动活泼的教育方式，与当时以理学传授为主的书院，形成了鲜明的对比。学海堂书院从1824年创建至1897年最后招生，历经七十余年，培养出众多的著名学者和经世人才。作为旧式书院，学海堂书院在中国书院发展史上占有重要的地位。

大科书院

简　史

明正德十四年（1519 年），由明代著名哲学家、教育家、书法家，吏部尚书湛若水门生霍敦、陈谟、杨鸾集资为其师兴建，位于大科峰西的烟霞洞中，有凝道堂、寅宾堂、进修斋、敬义斋、礼门、时时亭等，地极清幽，与石泉书院、云谷书院、四峰书院并称为南海西樵山四大书院。首任山长湛若水，主要讲授陈献章（白沙）之学，从者颇众。嘉靖间，湛若水之门徒正德贡生张希载掌教其中，于肄业者影响颇深，有所谓“性和蔼而不肯诡随，士薰基德，不严自化”之说。后废。

训　规

湛若水亲自订立《大科训规》，有六十余条之多，确定大科书院宗旨不同于一般的官学："朝廷立有大学及府州县学，所以教养人材甚密，本山书院不过初为退居求志之地，四方儒士因而相从，间有生员向慕而来，亦所不却。"在中国教育史上，开创了变官学为乡学的先河。

大科训规（湛若水作）

序规

夫规何为者也？夫学，心而已焉者也。何莫非心也？心得其职则敬，敬为义。心失其职则肆，肆为利。利义之判也，间焉者也。义为志道，为体认

大科书院遗下的烟霞井

天理，为寻乐也实，为求道于人伦之间，为笃实，为言动由中出，为不怨尤迁怒，为事父兄也诚切，为自得师，为传习，为遇长者谦让，为处同门久敬，为约信，为去成心，为二业并，为内外混合，为读书调心合一，为作字也敬，为考业用心也精，为观山水不失己，为博六经以开知见，为作文也发挥所得，为教束家仆。充其类焉，及其成也为君子。利为无志，为肆欲，为虚乐，为外伦求道，为先文艺，为巧令以滋伪，为暴怒，为事父兄也不诚，为不求师，为传而不习，为抗倨，为同门猜嫌，为期约不信，为师成心，为徒事举业以乾禄，为支离，为读书主敬两途，为作字欲好，为粗心，为梏亡，为泛滥仙佛以坏心术，为欲胜人，为纵放家童。充其类焉，及其成也为小人。是故古之人有终日乾乾为君子而不息矣，今之人有终身弊弊为小人而不知者矣。岂其智不若欤？其术使然也。是故学莫先于辨术矣。学者观其图焉，斯过半矣。

堂训（节选）

一、诸生为学，必先立志。如作室者，先固其基址乃可。志者，志于道也。立之是敬。匹夫不可夺志，不可夺乃是志，若其可夺，岂可谓之志？自始至终，皆是此一字。

一、诸生进德修业，须分定程限，日以为常，每日鸡鸣而起，以寅、卯、辰三时诵书，以巳午时看书，以未时作文，申酉二时默坐思索，戌亥二时温书。然此等大抵皆不可失了本领，通是涵养体认之意。如此持循，当月异而

名人

湛若水

湛若水（1466—1560），明代哲学家、教育家、书法家。字元明，号甘泉，增城（今广东省广州市增城区）人。孝宗弘治间进士，选庶吉士擢编修。世宗嘉靖初，官南京祭酒、礼部侍郎。后历南京礼、吏、兵三部尚书，赠“太子少保”，谥“文简”。早年拜陈献章为师，钻研心性之学。先后在西樵山、广州、罗浮山讲学传播白沙学说。在各省创建书院四十多所，弟子三千多人。著作编为《湛甘泉先生文集》。

岁不同矣。

一、诸生为学患心不定，只是煎销习心三层五层。如煎销金银，一番煎销，愈见一番精明，煎销尽者为大贤之心。习心即人心，心只是元一个好心，其不好者习耳。习尽则元来本体广大高明，何尝有缺？何所沾惹？内外合一。

一、诸生离父母、兄弟、妻子，来山从学，须实用十分工夫，乃能赎其离违之罪。若又悠悠过日，是又罪之甚者也。

一、远方及近处有德行道艺先觉之人可为师法者，必恭请升座讲书，以求进益，闻所未闻。孔子之圣亦何常师？

一、学者须要立信。如与人期约之类，虽似小事，然失信则害心为大。诸生今后或归省，期某日还馆，必要践约。又如自期从学或一年、二年，必要践言，不可易志。圯下老人与子房犹须立信，况学圣贤之道者乎！即此便是根基。

故事

湛若水在西樵山

湛若水于正德十年（1515 年）二月因母丧丁忧，同月扶柩南还。正德十二年（1517 年）服阕后，以“扶病莫前”的理由请求朝廷准许“原籍调理，谢绝人事，采药西樵”。其后两年，从师求学的学子越来越多，大科书院应诸生请求建成。

大科书院时期对湛若水的学术生命历程具有重要意义，西樵山成为甘泉学派在岭南的重要讲学地及思想传播地，此外，更重要的是，湛若水在这一

位于西樵山的湛若水真迹

时期，创作了大量代表性的著作，短短四年多的时间里，湛若水着手或完成了《大学》《中庸》《礼》等经部的诠释著作，《大科训规》这一被后世视为典范书院规范的著作以及《遵道录》《樵语》《新论》《知新后语》等理学语录类的著作。这些著作给湛若水带来了巨大的学术声誉，也使其甘泉学派奠定了与阳明学派平分秋色的地位。黄宗羲在概括湛若水的讲学时称：“王、湛两家，各立宗旨，湛氏门人，虽不及王氏之盛，然当时学于湛者，或卒业于王，学于王者，或卒业于湛，亦犹朱、陆之门下，递相出入也。其后源远流长，王氏之外，名湛氏学者，至今不绝。”（黄宗羲《明儒学案》）

相江书院

简　史

位于广东韶关。原名濂溪书院。宋乾道六年（1170年），韶州知州周舜元为祀周敦颐而建于州治曲江县城。宝祐二年（1254年），宋理宗赵昀赐额“相江书院”。咸淳末毁于兵火。元至顺间复建。至元二年（1336年）毁于兵灾。明洪武初韶州知府徐炳文重建。清道光八年（1828年）韶州知府金兰原重修。咸丰四年（1854年）又毁于兵火。咸丰六年（1856年），曲江知县偕绅士筹款重建。光绪二十九年（1903年）改设北江中学堂，后又改为广东省立韶州师范。现为韶关北江中学。

名人

周敦颐

周敦颐（1017—1073），字茂叔，北宋思想家、理学创始人之一。世称濂溪先生。道州营道（今湖南道县）人。曾任广南东路转运判官、提点刑狱，平反冤狱，政绩显著。为官清廉，其名作《爱莲说》以“出淤泥而不染”自况。

训　规

同治元年（1862年），韶州知府史朴订《相江书院规条》，详细规定了相江书院的办学宗旨、教学要求等等。规条共24条，规制详尽：设监院1人；掌教不由官荐，而由绅士从已登科第品学兼优之先达中公举，报请府署具文聘延，监院则由府在教官中遴选兼任；掌教务须住院，改文讲书，认真训迪；监院亦须住院，约束生徒；每年取内课生童各20名（同治十三年改30名）、外课生童各20名；每月考课5次，道宪、府宪官课各1次，掌教斋课3次；官课生卷名次分超等、特等、一等，童卷名次分上取、次取、又次取，按等次奖以银钱，以资鼓励；斋课卷只评甲乙；书院置有书籍，准住院生童取阅、随即缴还；经费主要来源于官绅捐银、田地租银、年息等。

相江书院规条（1862年史朴作，节选）

一、内外课生童一次不应课者，停支十日膏火；两次不应课者停支二十日膏火；一连三次不应课者，停支一月膏火，并降为附课。如有事故，准其报明注册，但按次停支膏火，免其降课。

一、每月官课生卷名次分超等、特等、一等。童卷名次分上取、次取、又次取。每课超等、上取各取八名，超等第一名奖赏银八钱，二名六钱，三名四钱，四名、五名各三钱，六名、七名、八名各二钱。上取第一名奖赏银六钱，二名四钱，三名三钱，四名、五名各二钱，六名、七名、八名各一钱。如佳卷果多，则超等、上取多取一二名，约量奖赏。此项系奉道宪每年捐发银一百二十两以资奖赏而昭鼓励，如有不敷，由生息项内支发。

一、内外课生童一连三次俱列一等、又次取者，内课降为外课，外课降为附课；以外附课生童一连三次俱列超等、上取者以次升补，附课升为外课，外课升为内课。如此分别升降，庶几各知奋勉。

一、内外课生童有录旧雷同及笔迹不符或不在院作文并次日交卷者，均不列榜。一次不列榜停支膏火一月，再次不列榜降为附课，有冒名应课者，逐出扣除。

一、每官课取定生童各卷，各订作一本，发交监院，准本课生童共观，以示大公而资取益。三日后，方准分领各卷。

一、士先器识而后文艺，有学无品亦不足重，肄业生童如不孝不弟及酗酒、赌博、包讼、抗粮，凡有乖行止、不安本分者，查出扣除究治。

故事

郡人捐资助学

相江书院对于培养韶关人才，具有重大作用。清道光八年（1828年），韶州知府金兰原发现来相江学院学习的学生越来越少，而且很多学生学习不到一年甚至一个月就退学了，细查之后，发现是因为韶关地区人士普遍较穷，负担不起上学的费用。于是金兰原率先捐出薪资，并向其他官员和本地乡绅募捐，最后统计募得银六千多两，交给商人生息，每年以利息资助学生，大大推动了相江书院的兴盛。

道南书院

简　史

道南书院位于韶关南雄。明成化十一年（1475 年），南雄知府江璞创办大中书院，之后，大中书院因年久失修，几近荒废，明隆庆年间重修，改名为“宏道书院”。清顺治年间再次重修，改名为“天峰书院”。清乾隆三十一年（1766 年），南雄知府宋淇在天峰书院旧址，扩大基地，重新修建，并将天峰、凌江两书院合二为一，取名为“道南书院”。清嘉庆十七年（1812），南雄直隶州知州罗含章（又名程含章）重修，并订立章程。清光绪三十二年（1906 年），南雄直隶州知州沈之乾将道南书院改办南雄州立中学堂，民国以后，改为广东省立南雄中学。

训　规

道南书院新定章程（1816年罗含章作，节选）

州牧罗含章曰：董子有言，圣王之造士也，少则习诸学，长则才诸位。夫不素养士，而欲求贤，譬犹不琢玉而求文采也。养士之道莫大于学，学者，学士之所关，教化之本源也。旨哉言乎！国家稽古右文，崇儒重道，天下郡县莫不有学，即莫不有书院以为讲习之所。夐哉，不可及矣。州城书院始自前明知府江撲初，名大中，后屡修葺，更名宏道。顺治间，知府陆世楷捐廉重修，更名天峰。康熙癸巳，知府张楙建凌江书院。乾隆三十一年，知府宋淇源取天峰、凌江两书院葺而新之，共为一区，易今名，并拨各书院义学田租充实其中。合之历年守令、绅士捐送，共得田租九百余石，可谓富矣。惜乎租田散处，价有底面，岁月既久，租多不清。前保昌令不得已禀请前府分拨三司巡检征收，愈滋侵隐，署内既无底册可稽，权操弓役之手，每岁收租不过三四百石，折钱六百三十，完粮之外，所余无几。地方官力不能赔，而书院鞠为茂草矣。嘉庆丙子章奉文清丈，督同各委员逐一根查，得租七百余石，按照税则，令佃户归并。除完粮外，存银三千六百余两。又率同两学绅士共相捐助，得银一万余两，分发盐、当商存本生息。立定考课及支销章程，俾永遵守。大修堂舍，焕然一新，多士始彬彬向学矣。虽然，章窃有虑，昔江、陆、张、宋诸太守修建之初，岂不殷殷然有其量十世，其量百世之思哉？乃或数年而废，或数十年而废，无他，法弊而人亦弊也。今章与绅士立定章程，发商生息，止准支利，不准动本。又置印簿二十本分给两学绅士，俾后之官绅士民人人得而稽查，却人人不得私取，杜渐防微，颇费苦心。但令此银百世而不散，则书院亦百世而不废。然而，提纲挈领，踵事增华，竟不能不属望于贤司牧矣。所有章程备列如左：

一、掌教听绅士自择品学兼优者，请本州具帖延请。每年送束脩银二百两，火食八十两，聘金、贽仪、买器物、端节、中秋，每次送银四两，迎送夫船价，各送银一两。其到馆过节，饯行酒席，州署预备。

一、送监院银十二两，首事银十六两（以上均不加闰）。支看司工食银八两六钱四分，遇闰照加。

一、每年正月初三日，监院禀请本州出示考甄别，以二十日以前为率，生童分两日考试，搜检封门，支点心、茶水、烛灯、纸张，书役饭食五千文，交礼房承办，本州食用自备。

一、每年取正课生员三十二名，每名月给膏火银一两五钱，不住院者，给银一两。取童生正课二十六名，每名月给膏火银一两，不住院者给银七钱五分。均于下月初二日发给，每年以十个月为率。取生童附课各二十名，自备膏火，不取者不准住院应课。每书舍一间，须住两人，先尽正课，不准多占。有事须在监院告假，若不告假，如一月不课及两月不考超特等、上次取者降作附课，以考取超等、上取三次之附课升补。抄旧雷同者，初次罚停膏火一月，再犯降作附课。冒名顶替及不孝不弟、包揽词讼、酗酒、赌博、宿娼、抗粮，凡有乖行止者，逐出。

一、每月初二、十六日官课，初六、十二、二十二、二十六日师课。官课日须在讲堂会作，每次送掌教饭食钱

名人

罗含章

罗含章（1763—1832），又名程含章，字月川，云南普洱人。嘉庆六年（1801年）派往广东封川署理知县。嘉庆十三年（1808年）前后，先后出任广东化州、连州知州，次年奉调署理雷州海防同知。嘉庆十七年（1812年），升任粤北重镇南雄直隶州知州，其间重修道南书院，并新订章程。嘉庆二十四年（1819年）任惠州知府，不久后任广州知府，重修羊石书院，并改名为羊城书院。随后，他还曾担任山东按察使、河南布政使、山东巡抚、江西巡抚、浙江巡抚、福建布政使，道光十二年（1832年）卒。

四百文，监院二百文，生童在院会食午饭，每名支钱五十文。官课笔资超等生员每名钱二百文，上取生童每名钱一百文。

一、甄别及逐月官课卷每本支钱五文，师课卷自备。

一、每年支神前香灯钱三千文，讲堂、亭子、大门三处灯三盏，油钱四千文。

一、支学书造甄别及逐月官课点名册，每年钱一千文。

一、支每次官课生童茶水钱一百文。

一、支院内各名宦春秋二祭钱二千文，每年俟奉文致祭贤良祠之日，给钱交礼房承致祭。

故事

曹宾不慕权利

清雍正元年（1723年），颇有名望的曹宾先生就任道南书院山长，主持讲学，为南雄培养了大批人才。《南雄直隶州志》记述他“博学多才，经史百家无不研索”。他著有《四书评说》《十三经解》等书，颇有才名。当时的吏部侍郎杨超荐举其应博学鸿词科，但曹宾淡于名利，力辞不赴。其后他也曾掌教肇庆端溪书院等地，最后又回归道南书院掌讲席，躬行是倡，师范端严一时，培养了众多人才。雍正年间举人、州牧戴家驹和进士、陕西省监察御史、兵科给事中胡定均出自其门下。当时很多人为他的英才未展而惋惜，他却说“时也，命也”，一心以教书育人为己任。

丰湖书院

简　史

位于惠州西湖景区内，是广东四大书院之一。南宋淳祐四年（1244 年），惠州太守赵汝驭在银冈岭创建“聚贤堂”，作为讲学授道的场所。宝祐二年（1254 年），惠州太守刘可刚进一步把“聚贤堂”改为书院，改名“丰湖书院”。清代康熙年间，惠州知府王瑛迁书院于西湖；清嘉庆七年（1802 年），惠州知府伊秉绶大规模修建丰湖书院，聘名士宋湘为山长。这一时期，“从者云集，人竞向学”，书院进入一个新的鼎盛时期，宋湘名联“人文古邹鲁，山水小蓬瀛”成为书院最好的写照。光绪二十九年（1903 年），改为惠州府中学堂。辛亥革命后，改办惠州中学校。1946 年，又改为惠州师范学校。20 世纪 70 年代末，国家恢复高考后改办惠阳专区师范专科学校、惠州学院。

训　规

清嘉庆七年（1802年），惠州知府伊秉绶在院内立石撰述他的教育主张："学者，学圣人也，学为人也。人虽谦让，未有让不为人者，而奚辞乎。将与守白鹿洞之遗规，孜孜矻矻，勉乎言与动，以求慊戒欺，以后可为人，可以为贤为圣。"又在院内大堂壁上题隶书"敦重"二字，并写跋阐述："人需厚重也，重则威仪整，学问固。所以语云：'君子不重则不威，学则不固'，是之谓乎。余故于厅内题'敦重'二字以铭之。"清末，梁鼎芬受聘为书院山长，主张"以文章道德气节倡后进"，治学严谨，培养了大批人才。

丰湖书院章程（1819年罗含章作，节选）

一、掌院老师须择两榜品学兼优者，听绅士公议，禀本府出名聘请。每

丰湖书院

年送束脩三百两，火食银八十两，聘金、贽见及三节每次送银四两，共支四百两，遇闰不加。归善县每月向例送米二石，如有更换，支器皿银五两。其到馆、过节、饯行酒席府署自办，在租息项下开销。

一、监院一员，须在书院居住约束生童，由本府拨给租谷四十石，各生童贽见节礼自行尽情。

一、每年十二月初十日，监院禀本府预期出示十州县，考取甄别，总以次年正月二十五日以前为率，生童分两日考试、复试，然后出榜。

一、每年考取正课生监四十名，每名月给膏火银一两五钱；附课生监二十名，每名月给膏火银六钱；正课童生四十名，每名月给银一两；附课童生三十名，每名月给银五钱。不住院者各减半。无论有闰无闰，总以十个月为率。每月初二、十六本府官课，每次支茶水等费银三两。值年首事每年每人支银六两，另支册费银一两，院中择立学长二人，约束在院生童，每年每人送银三两。府课所取

书院在丰湖之中，“三面皆水，蟠踞一山”

名人

薛侃

薛侃（1486—1546），字尚谦，因曾讲学中离山，世人称中离先生。明代潮州府揭阳（今潮州市潮安县）人，岭南明代大儒。薛侃于明正德五年（1510 年）乡试中举，明正德十二年（1517 年）登进士第。师从王阳明，获其所赠之号“中离先生”。明嘉靖十年（1531 年）上疏言建储事，触明世宗讳，被削职为民。隐居讲学于中离山，从学者甚众。其后远游江浙、广东等地，曾于惠州丰湖书院讲学，传王氏阳明之学于岭南。四年后归里，卒于家，终年 60 岁。存世著作有《研几录》《图书质疑》等，《潮州耆旧集》收有《薛御史中离集》三卷，后人又编有《薛中离先生全书》二十卷。

一等生童无定额，奖赏亦在租息项下支送。府礼房每年在本府租息项下支纸笔钱十千文，书院看役、茶房每月照旧在本府领银五钱，在归善县领米二斗五升。

伊秉绶

伊秉绶（1753—1815），字组似，号墨卿。乾隆四十四年（1779 年），伊秉绶应乡试中举人，五十四年（1789 年）应会试，进士及第，初授刑部额外主事，补浙江司员外郎，继任刑部主事、刑部员外郎、刑部郎中、惠州知府、扬州知府等职。伊秉绶从政清正廉洁，爱护百姓，除暴安良。嘉庆四年（1799 年）任惠州知府，一到任就问民疾苦，革除恶习陋规，特别注意抑制豪强为非作歹，整顿社会秩序，维护地方治安。同时，他还重视教育和文化事业。除了重修丰湖书院以外，伊秉绶还重修了白鹤峰苏文忠公故居和苏轼侍妾朝云墓，被当时士林传为风雅盛事。

故事

康熙年间丰湖书院的重建

丰湖书院自建立以来，历经元明两代，中间多有兴废。明代，惠州出现一个影响本地人文的大人物，他就是明嘉靖年间进士、官至兵部尚书的叶梦熊。叶梦熊是惠州明代著名的三尚书之一，功成身退后回到家乡，在丰湖觅得一处居所，大加修缮，人称泌园，成为惠州一景。后人评价道："景辟湖湄，约十里许"，能让人"游览竟日"。明亡后，泌园虽已衰落，但还是爱国志士交往之地，被称为"岭南三大家"的诗人屈大均、陈恭尹、梁佩兰及其他一些明末遗臣、名儒常在此园中怀念旧国，写爱国诗文。到了康熙年间，叶氏家道每况愈下，泌园风光不再。康熙三十三年（1694 年），惠州知府王瑛购得叶氏泌园重建丰湖书院，原来园内的亭、榭、台、阁成为学子治学之所，从此一代名园烟消云散，而丰湖书院却得以重振往日风光，成为岭南重要书院。

小庐山书院

简　史

位于广东江门新会，亦称小庐山书屋、庐阜精舍。明成化二年（1466 年），著名思想家、教育家、书法家、诗人，岭南学派开创者陈献章隐归江门新会白沙村小庐山麓，参事伍希渊、佥事戴慕其才名，捐资欲为其建新居，被其谢却，遂将资金改筑书院，以供四方慕名来学者居住学习，成为江门有史以来第一所书院。小庐山书院对活跃明代学术气氛起到了承前启后的作用，“四方来学者不啻数千人”，并培养出身兼礼、吏、兵三部尚书职务的重臣湛若水以及官拜内阁首辅卒赠太师的名臣梁储等著名人物。陈献章设教十余年，不少学生得益于他的教诲，成为朝廷的栋梁柱石，“岭南学派”亦于此形成。

训　规

陈献章在小庐山书院的教学方法可以概括为五点：一、先静坐，后读书；二、多自学，少灌输；三、勤思考，取精义；四、重疑问，求真知；五、诗引教，哲入诗。

陈献章主张“有教无类”。给学生讲授经、史和文学专科，力创新旨，惟务实际，不尚声华，与萎靡不振的传统官学派背道而驰。陈献章极其重视教育对社会的作用，强调培养人才和合理使用人才的必要性，曾给各县撰写学记多篇，屡次强调务必广设学校为国家育才，主张广修学政以张道义。提出“自古有国家者，未始不以兴学育才为务”，“治天下以正风俗得贤才为本，彼学政之不修，斯道之难立，后生无所兴起，无所造就之功，然则风气何由而正？贤才何由而得耶？”其《诫子弟书》，充分反映了他的教育理念。

诫子弟书（陈献章作，节选）

人家成立则难，倾覆则易。孟子曰：“君子创业垂统，为何继也。若夫成功，则天也。”人家子弟才不才，父兄教之可固必耶？虽然，有不可委之命，在人宜自尽。

里中有以弹丝为业者。琴瑟，雅乐也，彼以之教人而

名人

陈献章

陈献章（1428—1500），字公甫，号石斋，别号碧玉老人、玉台居士、江门渔父、南海樵夫、黄云老人等，因长期在白沙村居住讲学，人称白沙先生，世称为陈白沙。广东新会都会村人，明代著名思想家、教育家、书法家、诗人，广东唯一一位从祀孔庙的明代硕儒，主张学贵知疑、独立思考，提倡较为自由开放的学风，逐渐形成一个有自己特点的学派，史称江门学派，又名岭南学派。明正统十三年（1448年）四月考中副榜进士进国子监读书。景泰二年（1451年）会试落第后拜江西吴与弼为师，半年而归，居白沙，筑春阳台，读书静坐，后筑小庐山书院讲学。成化二年（1466年）复游太学入京至国子监，祭酒邢让惊为真儒复出，成化十九年（1483年）授翰林检讨，乞终养归，著作后被汇编为《白沙子全集》。

获利，既可鄙矣，传于其子，托琴而衣食，由是琴益微而家益困，展转岁月，几不能生。里人贱之，耻与为伍，遂亡士夫之名。此岂尝为元恶大憝而丧其家乎？才不足也。既无高爵厚业以取重于时，其所挟者率时所不售者也。而又自贱焉，奈之何其能立也？大抵能立于一世，必有取重于一世之术。彼之所取者，在我咸无之，及不能立，诿曰：“命也。”果不在我乎？人家子弟不才者多，才者少，此昔人所以叹成立之难也。汝曹勉之。

故事

陈献章（白沙）的学术地位

陈白沙以“宗自然”“贵自得”的思想体系，打破程朱理学沉闷和僵化的模式，开明朝心学先河，在宋明理学史上是一个承前启后、转变风气的关键人物。白沙学说高扬“宇宙在我”的主体自我价值，突出个人在天地万物中的存在意义，宛若明代学术界的一股清新空气，对整个明代文人精神的取向产生了深刻影响，也催发了明末清初学术界的繁荣。

陈白沙学术思想，对中国文化尤其是岭南文化的发展产生了深远的影响和积极的作用，确立了岭南文化在整个中国文化发展中的地位。他的学说被誉为“独开门户，超

梁　储

梁储（1451—1527），字叔厚，号厚斋，别号郁洲居士，汉人，广东顺德（今广东佛山）人。明朝中期名臣、文学家。自幼才思敏捷，后于广东新会师从陈献章，学业大为精进。成化十四年（1478 年）参加会试，得会试第一名，传胪二甲第一名，选为庶吉士，授翰林院编修，开始踏入仕途，后累官至特进光禄大夫、左柱国、少师兼太子太师、吏部尚书、华盖殿大学士，参与编撰《明会典》。正德十年（1515 年），首辅杨廷和回乡服丧，梁储受命担任内阁首辅一职。卒谥“文康”。

然不凡”，“道传孔孟三千载，学绍程朱第一支”。陈白沙也因此被人们尊称为“大儒”“圣人”，辞世后被追谥为“文恭公”，成为中国古代广东唯一从祀孔庙的学者，故有“岭南一人”之誉。同时，他凭借独创的“茅龙”书法，在中国书法史上率先奠定了岭南书法家的位置。

明末著名学者黄宗羲评论陈白沙的理学为“有明之学，至白沙始入精微”，国学大师章太炎认为：“明代学者和宋儒厘然独立，自成体系，则自陈白沙始。”

贵生书院

简　史

贵生书院在广东省湛江市徐闻县徐城镇旧城内。明代大戏剧家汤显祖于万历十九年（1591 年）贬任徐闻典史时，有感于当地士子轻生厌学，因而倡建此书院，以推广中原之文明化土著之俗。后因地震崩毁，清道光三年（1823 年）重修，在明代原规模上扩大面积，修葺一新。书院在 1985 年再次得到重修。贵生书院在徐闻教育史上具有重大意义，自此徐闻文风渐盛，科举盛行，读书上进者大有增加。

训　规

汤显祖的“贵生”思想，具有三方面特征：一是一切以人为中心，以民为本；二是质疑轻生，反思人性；三是以书院为平台，用教育手段实现“贵生”主张。这些思想都集中体现在他在徐闻写的《贵生书院说》与《明复说》中。

贵生书院说（汤显祖作，节选）

故曰：“事死如生，孝之至也。”治天下如郊与禘，孝之达也。子曰：“天地之大德曰生，圣人之大宝曰位。”何以宝此位？有位者能为天地大生广生，故观卦有位者“观我生”，则天下之生皆属于我；无位者止于“观其生”，天下之生虽属于人，亦不忘观也。故大人之学，起于知生，知生则知自贵，又

贵生书院

知天下之生皆当贵重也。

然则天地之性大矣，吾何敢以物限之；天下之生久矣，吾安忍以身坏之。《书》曰：“无起秽以自臭。”言自己心行本香，为恶则是自臭也。又曰：“恐人倚乃身。”言破坏世法之人，能引百姓之身邪倚不正也。凡此皆由不知吾生与天下之生可贵，故仁孝之心尽死，虽有其生，正与亡等。况于其位，有何宝乎！

吾前时昧于生理，狎侮甚多。受命以来，偶读至伊尹曰：“天之生斯民也，使先知觉后知。”乃叹曰：“谓之天民，当如是矣。”始知“君子学道则爱人”。故每过郡县，其长吏及诸生中有可语者，未尝不进此言。而徐闻长熊公，爱人者也。此邑士气民风，亦自惇雅可爱，新会以南为第一县。且徘徊于余，不忍余去也。故书《贵生说》以谢之。

贵生书院规条（1833 年作）

一、延师掌教，务择科甲中品行端方、音语相通之人细心讲解，预年十一月方正绅士公呈县主，定于十一月内关延至正月开印，考院二月初旬开学，教官有课士之责，不敢廷请。

一、书院甄别生监，正课壹拾伍名，童生正课叁拾名，附课以人数多寡酌取，不能定额。若系优娼隶卒冒籍者，不得入考。

一、正课生监每名每月膏火钱伍佰，童生每人每月肆百，以各月廿九日散给。

一、附课生童连考三课超等，准升正课，遇缺即补正课。生童抄袭旧蓝本，草率完篇，连二次三等，末者降为附课，不给膏火。

一、课文每月十六日为官课，初六、廿六日为馆课。取入正课者，亲手应课，勿致有名无实。遇事回家，而赴掌院禀假，倘有顶替，连三课不够者降为附课，不给膏火。

一、官课每监原定超等第一名赏钱六百文，第二名赏钱五百文，第三名赏钱肆百文，第四名赏钱三百文，第五名赏钱二百文，童生正取第一名赏钱四百文，自第二至第十每名赏钱二百文，以示鼓励，至馆课官田支用不敷，不能奖赏。

一、主讲书院每年束脩钱八十千，薪水钱三十千，以十个月为准，按季奉送。若教官有士林钦服，关延掌致者，不送薪水。

一、管理书院官田二人，每人每年给钱肆千□□□□□□□千以为往。

一、每年馆课择取入院正附课生员方正者一人为学长，收卷送卷支发膏火，写馆课榜文兼理书院中诸事，有事明禀，不得徇私作弊，每月系正课者，膏火加倍，附课亦给正课膏火。

一、每年书院开学酒席二筵，额钱肆千，考院每名水晶包肆个。

一、书院每逢县院乡试，俱给膏火。如渠围倾圮，自贰佰工以下佃户自理，或系大收，仍停止膏火，以资备用。

一、书院设斋夫二名，每月朔望伺侯四夫子汤先生香烛、并房守门、催租，每月工食钱一千文。

一、书院每月支销张目，按项登记，十一月底解馆前数日，本年值事学长会上手值事计算清并贴出书院，并抄

名人

汤显祖

汤显祖（1550—1616），中国明代戏曲家、文学家。字义仍，号海若、若士、清远道人。汉族，江西临川人。34岁中进士，在南京先后任太常寺博士、詹事府主簿和礼部祠祭司主事。明万历十九年（1591年），他目睹当时官僚腐败愤而上《论辅臣科臣疏》，触怒了皇帝而被贬为徐闻典史，后调任浙江遂昌县知县。在汤显祖多方面的成就中，以戏曲创作为最，其戏剧作品《还魂记》《紫钗记》《南柯记》和《邯郸记》合称“临川四梦”，其中《还魂记》又名《牡丹亭》是他的代表作。汤显祖还是一位杰出的诗人。其诗作有《玉茗堂全集》四卷、《红泉逸草》一卷、《问棘邮草》二卷。

诸簿录，具核对，至三年交代，如岁底之例，仍许前值事稽查，庶免侵蚀。

一、书院等诸生肄业，来往卸事官员，不得借为行台公馆。

故事

历史上的汤显祖与贵生书院

明万历十五年（1587年），在京述职的汤显祖，目睹全国性的灾荒和边防洮州失事，他对现实极为忧虑与不满。万历十九年（1591年）闰三月彗星出现，被当时人视为“不祥之兆”，神宗借此责备言官，汤显祖觉得时机到了，上疏弹劾那些无行的辅臣科臣，并语犯神宗，被贬为广东徐闻县典史。在徐闻，汤显祖“深感此地人轻生，不知礼仪”，便与同乡知县熊敏一起，共同创办贵生书院。

汤显祖倡导的“贵生”思想影响了十几代徐闻人，从明代至清代，不少学子追随先贤，奋力读书，读书上进者大有增加。据不完全统计，自明洪武初至万历十九年（即汤显祖被贬徐闻前）的223年间，徐闻仅出举人14人，而明万历十九年至崇祯末年的53年间，就出举人13名。

自汤显祖开创了徐闻大地教育新局面后，徐闻重视教育，同时代出现学官多处，除建于弘治年间的文庙外，梦溪书院及明善、崇德、广业复社等礼学和义学机构相继成立，从此，徐闻形成宾兴制度，以此教化桑梓，开启民智。

端溪书院

简　史

位于广东肇庆。明万历元年（1573 年）佥事李材创建。后为岭西道署，又改为督标中军副将署。清康熙四十七年（1708 年）两广总督赵宏灿复建书院，取名“天章”，为总督课士之所，选招两广之士肄业其中。雍正十一年（1733 年）两广总督郝玉麟改名“端溪”，为省级书院。光绪十三年（1887 年）两广总督张之洞重修，院长梁鼎芬书大堂匾额为“广德堂”、揆天阁下讲堂为“教忠堂”。光绪三十一年（1905 年）改为肇庆府中学堂。

训　规

乾隆十七年（1752 年），院长全祖望订立正趋向、励课程、习词章、戒习气学约四则；嘉庆四年（1799 年），冯敏昌掌教时又订立讲正学、敦品行、辨义利、习礼文、背五经、疏书理、观史事、正文体、究诗赋、工书艺、兼诸学、通训诂、立课程、勉应课、少出入、戒非事等学规十六条；嘉庆十四年（1809 年），院长刘朴石又订务敦品、正文体、崇风雅、闲出入、杜抄袭、严局试等学规六条。清末，梁鼎芬更订《端溪书院章程》。

端溪书院讲堂条约（1752 年全祖望作，节选）

——正趋向　书院与学校相为表里，学校盛，则书院与之俱盛；书院衰，则学校与之俱衰。宋明以来，历可征也。今圣天子宏作人之化，宪府大臣实宣布之，葺讲堂，萃图籍，以成文明之盛。粤中远在峤南，不远五千里，延掌教以莅之，所望于诸生者甚重，固不仅区区章句之学，博一科举而已也。况此间前哲张文献、崔清敏以来，魁儒时出。白沙、才伯、南川、甘泉、弼唐、中离、曙台诸先生，学统迢遥，弓裘不替，而邱文庄、梁文康、海忠介、陈文忠并以勋业风节起而翊之。虽诸生未必遽足语此，然岂无中人以上之资，寻坠绪之茫茫，苦质疑之无自者乎，掌教愿进而语之。

——励课程　院中藏书不下万卷，虽无秘册，而实皆诸生布帛菽粟之需，苟通是，是亦足矣。掌教固不敢薄待诸生，然谅近来士习，沉溺于帖括之学，未必留心及此也。夫学问岂在帖括？然即以帖括言，亦非读书不工。诸生即未能遽读《十三经注疏》《通志堂九经解》，然于《五经四书大全》，其曾熟复乎？即未能遽窥《二十三史》，然于《资治通鉴纲目》《文献通考》，其曾详观乎？即未能遍览诸儒之语录讲义，然于《性理大全》，其曾研究乎？自今以始，愿诸生分曹定课，日有章程，其有疑义，拈笺以问。每人各置一考课册，填写所业于其中，掌教五日一升堂，或墨或复讲，其必能启发神智，荟萃古今，从此更上一层。读尽诸书，不仅以帖括之士终，而亦必不为寻常庸劣之帖括也。掌教其待大叩小叩之至而应之。

——习词章　功令以帖括取士，诸生之汲汲于此，亦其势也。然功令未尝专任帖括，二场之表以观其骈体。论以观其散体，判以观其律令之学，三场之策以观其时务。进而为翰林，则有馆课之诗赋以观其韵语。苟能是，是亦足矣。诸生倘能如掌教之言，通明经史性理，其于表、论、判、策，已非所难。然而行文之体，或尚未娴，仍不出帖括家数以应之，亦非矣。则八家文集及朱子文集，不可不读也，亦须时时习之。掌教当为别裁其体之不合者、词气之驳杂者，嬗群雅而归于大醇，是所厚望于诸生者也。诗赋则粤中自有嫡传，张文献公以来，世有其人，近而南园五先生、广州之三家，皆惊代才也。向例院中二课，止及帖括。今掌教添古学一试，各具策问、诗赋、表论诸题，诸生能者各报名赴课，不必求备，亦不强人以所不能也。掌教当自捐笔资，以为奖励之助。

——戒习气　士子束身敦行，未有不守礼教而能至成立者。泰山、安定二先生，所以能启两宋文明之盛，由于立教之有法也。向闻院中课试陋习极多，试艺则不在公堂列坐，各归其舍，是即抄袭等弊所由生。而且卜昼不已，继以卜夜，甚至更漏过午夜，相沿成风，以致督学使者试日，有所降黜，大为掌教之辱，甚至迁延至次日始缴卷，岂非荒唐骄慢之一大征乎！掌教向主浙之蕺山，尝力禁之，不许给烛。今念诸生因循已久，姑稍宽之，每试自未牌即升堂，亲自监收，许诸生以上更为度。既上更，掌教即退，其过此而交卷者不阅，三次犯规，即移咨，斥出讲堂。先三令而五申之，诸生勿怨也。

其诸生告假、销假，自有册籍。至于每日不无出入，在掌教亦无不情之阻遏，但皆须禀知，无得率情任意，是即礼教之一端也。至于掌教之来，乃宪府所资给。诸生以师弟之谊，或少致时物，非不知其雅意，然而人心不古，物议易生，绛帐青毡，不可以受藏垢纳污之语，为此亟行谕止，万勿过于多情。诸生但能奋然自拔于流俗之中，不为俗人，而为端人；不为俗学，而为正学。他日院中著录，足为掌教之光，掌教即拜诸生之赐矣，更不须其他也。至于诸生聚处乐群，友朋镞厉，最是乐事，友其贤者，矜其不能者。当戒浇漓，消嫉妒，相接以虚衷，相勉以古道，相期以远大之业，是非但掌教之厚望于诸生，亦即宪府牧伯诸公之所有同情者。其或造言生事，分门结党，饮酒狎邪，试艺则代请传递，种种疵谬，以致斥逐谴责。存诸生谅必无此，但掌教不得不戒之于豫也。

肇庆端溪书院章程（1887年梁鼎芬作）

一、凡洋佣子弟及身家不清者，好做状禀及遇事包揽者，好做枪替声名狼藉者，均不得与考，查出驱逐。

一、凡吸食洋烟者，不得与考，查出驱逐。

一、生徒贽见用大钱一百文。

一、生徒未曾谒见，不准应课，以杜假冒。

一、随封系书院陋规，与衙门门包无异，即行革除。

一、每月二十八日官课期，初八日府署课期。

一、每月初三日、十八日院长课期。

一、每课题目文诗题外，并课古学，生徒有志读书，能兼作者，当加优奖。

名人

全祖望

全祖望（1705—1755），字绍衣，号谢山，鄞县人，清代浙东学派的重要代表人物，著名的史学家、文学家，博学才俊。乾隆元年（1736年）会试中进士，入翰林院庶吉士，因不附权贵，于次年辞官归里，不复出任，专心致力于学术，相继讲学，足迹遍布大江南北，曾主讲绍兴蕺山书院，从者云集，后又应邀主讲广东端溪书院，对南粤学风影响很大。在学术上，其推崇黄宗羲，自称为梨洲私淑弟子，又受万斯同影响，专研宋和南明史事，留意乡邦文献，尤好搜罗古典文献及金石旧拓，曾编成《天一阁碑目》。其著作颇丰，撰有《鲒埼亭集》38卷及《外编》50卷、《诗集》10卷，还有《汉书地理志稽疑》《古今通史年表》《经书问答》《句馀土音》等，又七校《水经注》，三笺南宋王应麟《困学纪闻》，辑选《续甬上耆旧诗》，为我国文化宝库增添了许多珍贵遗产。

一、课期限两日缴卷。

一、凡应课抄录蓝本者，倩人枪替者，第一次由正课降附课，第二次扣除。

一、凡应课本列一二次及漏课一二次者，按课扣膏火半月，加给前列，至三次扣除。

一、每月初三日投考另榜列名，有正课不守规条者革除，以投考前列之生徒按次递补。

一、每课在堂上发卷。

一、凡发卷日，文字优劣经院长分别宣告，各生徒不得因某卷内少有疵累，或堂上哗笑，或出外传扬，既非君子之心，亦失朋友之谊。

一、每月逢一、六日讲书，生徒听讲者，辰初到院。

一、凡听讲日，各生徒不得笑语跛倚，如有不遵，当堂斥退。

一、凡发课讲书日，院长升讲堂，生徒分东西立一揖，院长坐，生徒两旁侍坐，事毕生徒仍分东西立，一揖皆退。

一、凡应课生徒，路遇师长，皆旁立稍待，不得疾趋。

一、凡应课生徒，如有短衣出门者，查出扣除，以重礼法。

一、凡应课生徒，每月朔到院领取日记簿，将每日读书行事，有无心得，有无过失，细注于上，听讲时呈阅，不得欺饰偷懒。

一、院内藏书数千卷，略备观览，在院内肄业者，准其借读，院外者准其到院翻阅，不得携出。

一、院内藏书未富，拟与官长商议，再行捐置，见由院长、监院先捐出数十种，以劝来者。

故事

“布衣太史”全祖望与端溪书院

乾隆十八年（1753 年），广东巡抚苏昌邀请全祖望出任端溪书院山长，不到两年时间，全祖望以其深厚的史学底蕴和卓然的办学理念，不但促进了端溪书院求实奋进的学风的形成，也对南粤一地的学风产生了深远的影响。

全祖望的书院办学目标是“自拔于时风众势之中”，尊敬先贤，研读经典，也即“明经”，书院教育的内容是“行修”，注重从学生个人行为修养进行培养教育，强调知行合一。因为书院实际上由朝廷控制，而八股时文与“明经行修”也存在较大的冲突，所以全祖望提出学生也要学习应付公职需要的包括八股文在内的各种文体，为学生铺平“经世致用”的道路。

冯敏昌

冯敏昌（1747—1806），字伯求，号鱼山，壮族，清代广东钦州（今广西钦州）人。是著述最丰的古代广西壮族大家之一，又是清代杰出的教育家，任过会试同考官，还先后主讲过河南河阳和广东端溪、越华、粤秀等多家著名书院。冯敏昌擅长做诗，与张锦芳、吴亦常齐名，并称“岭南三子”。他是中国历史上最高产的壮族诗人，他现存的诗作共 2200 多首，主要收录进《小罗浮草堂诗集》（多卷本）、《小罗浮草堂文集》（多卷本）、《岭南感旧录》、《笃志堂文抄》、《师友渊源集》、《华山小志》、《河阳金石录》等文著，还参与纂修《四库全书》《孟县志》《广东通志》等多种志书。

象山书院

简　史

象山书院位于清远连山县城东之象山，始称连山书院，于康熙四十七年（1708 年）由时任连山知县李来章创办，初位于县城（太保旧城）城西桂阳里。后改名桂阳书院，同治四年（1865 年）连山厅同知蒋振举将书院迁往象山，并改名“象山书院”。象山书院是连山县历史上第一所正规的官立学堂，除了招收汉族和壮族青年外，还招收“瑶民之俊秀者”入读，开中国历史上官办瑶族教育的先河。现为连山高级中学。

训 规

连山书院学规（1704年李来章作，节选）

一、《礼》云：皮弁祭菜，官其始也。古人入学，皆行释菜先师之礼。朔日、望日皆谒学宫，又今日国家见行典礼。今凡入书院受学者，皆先诣圣殿，阶前伏兴，行四拜礼，然后诣讲堂投刺，以文为贽。至逢朔、望日前夕，值日者督率院中同人，拂拭神几，务期洁静。至日黎明击板，盥洗既毕，值日者鸣鼓五声，毕，诣圣殿阶前，行伏兴四拜礼。再集讲堂，向上一揖。又分班东西对揖，相引而退，皆以齿序。或托故不至，或跛倚笑语、礼貌不肃者，各纪过一次，实贴讲堂壁上。古人斋明以齐其内，盛服以齐其外，精神凝聚，神鬼可格。此今将从简编之中，晤言古圣，先极致诚敬，必不能使其志气相通。故凡瞻仰庙貌，诵读遗言，皆当正冠整襟，昭如在之诚，此为学第一义也。

一、由古人之学，其为圣贤也易，由今人之学，其为圣贤也难。平日父师之教，既有详略，其后所就，遂分得失，故始基不可一日不端，而小学不可一日不讲也。古者妇人妊子，既有胎教，出就外傅，又有小学。匪僻之言，不闻于耳，机械之事，不睹于目。天真浑然，太极中函。后此学力，不过扩而充之，初非有所界付增益，作为于性分之外也。譬之于墙下面根基，宽厚坚固，积累而上，可以凌云干霄。若失乎此，则卤莽灭裂，其下既失，上虽求高，势不可为也。今人自知识初开，情欲渐炽，少小所习，无非变诈，争巧斗捷，以术相御，积成风俗，恬不为怪。一旦教之以大学之道，扞格龃龉，不能遽入。是以考亭朱子，采摭经史，辑为《小学》。其年岁既长，不及乎此者，又欲使其从事“敬”字，以补前功。此胡敬斋谓朱子有大功于天下万世，此其一也。诸子既人书院，宜先讲究《小学》。昔许鲁斋先生得《小学》于姚枢所，自此兵戈扰攘之中，敬如神明，信如师保，尝曰：能明此，他书虽不治，可也。诸子若能收摄精神，细读《小学》，步趋言论，以为师范。久之，自融洽安适于规矩准绳之中，有油然自得、不能住手之意，所谓名教中自有乐地也。

一、朋友居五伦之一，关系最重，必推诚以相与，致敬以相交，然后可收砥砺之益。夫推诚者，即所谓不欺也。不欺于微，然后可必于显。不欺于细，然后可必于巨。若于微者、细者忽之，而谓能不欺于显者、巨者，吾不信也，至于致敬亦然。诸子今日同居书院，正与于朋友之伦者也，宜抒素心，共敦古处，以订交于一日者，相期于百年；无负于七尺者，上追于千秋，方不虚重跰负笈、来从学问之意。《论语》云："群居终日，言不及义，好行小慧。"后世交游病痛，煞被先师历历说尽，如有类此者，更宜痛自猛省。

一、今之从事于学者，既患无出众之姿，然而稍有聪明才力者，便又不免失于轻佻，流于浮薄，狙诈而不实，傲忽而自满。不知如此气质，虽文章绝工，功名极盛，究是天地一个俗人，较之愚暗迟钝者，其去道更为悬绝。纯公先生曰：学至变化气质，方是有功。吾愿诸子考验自己病痛，各克其偏。如浮薄者，务矫以淳厚；轻佻者，务矫以沉重；狙诈者，务矫以诚悫；傲忽者，务矫以廉损。推而广之，宽容以矫其偏急，整肃以矫其怠惰，随时随地，因证而药，不患不入于圣人之道矣。

名人

李来章

李来章（1654—1721），原名灼然，以字行，号礼山，晚号寒香，河南襄城人。康熙十四年（1675 年）中举。受业魏象枢。康熙二十九年（1690 年）与耿介、冉觐祖讲学嵩阳书院，世称"中州三君子"。康熙三十年（1691 年）主讲南阳书院，作《南阳二括院学规》《达天录》。在《重建诸葛书院碑》中，提出办书院的主旨是：学者要把"寡欲去私，守为学要"，以期存天德，行王道，天下治平。后因母老归家，重修紫阳书院，讲学其中。康熙四十三年（1704 年）任广东连山县知县，对瑶民"以推诚待之"，发展生产，减轻赋税，推行教化。后创连山书院，立学规，制订为学次第、读书次序，选瑶民之俊秀者亲为训教其中。诵读声彻岩谷。政绩显著，有"文翁化蜀"之称。康熙四十八年（1709 年）离任，民为之立去思碑。后增祀许州七子祠，世称"中州八先生"。

故事

李来章在连山

李来章出任广东连山县（今广东连山壮族瑶族自治县）知县时，连山极为荒凉，据清史稿记载，当时“连山民仅七村，丁只二千。外瑶户大排居五，小排一十有七，数且盈万人。重山复岭，瘦石峻削，田居十分之一”，且当时本地瑶族与汉族相处并不融洽，态度极为强横，李来章认为：“瑶异类，亦有人性，当推诚以待之。”于是“日延耆老问民疾苦，招流亡，劝之开垦，薄其赋。复深入瑶穴，为之置约延师，以至诚相感”。除此之外，李来章还创建连山书院，亲著学规，并讲学其中，从严实施教育和教学管理，还招收“瑶民之秀者”入读，开创了瑶族官办教育的先河。瑶民“亦知向学，诵读声彻岩谷”，大大促进了连山地区文明的发展，得到各地学者的交相称赞：“忠信笃敬，蛮貊（泛指少数民族）信可行矣。”李来章也博得了“文翁化蜀”的美名。

韩山书院

简　史

位于广东潮州，是潮州历史上第一所书院，旧名城南书庄。宋元祐五年（1090年）知军州事王涤始建于城西南，初为韩公庙，祀韩愈，由苏轼亲自撰碑。淳熙十八年（1191年），知军州事丁允元移建于河东韩山（又名“双旌山”），后废；元至顺二年（1331年），潮州路总管王元恭正式改建为韩山书院；清康熙二十七年（1688年）潮州知府石文晟改为南隅社学，康熙三十年（1691年）复名。光绪后期兼授西学。历任山长之最著名者有丘建猷、丁杰、何如璋、丘逢甲等。光绪二十九年（1903年），由惠潮嘉兵备道褚成博再改为惠潮嘉师范学堂。辛亥革命后，相继改为广东省立惠潮梅师范学校、省立二师、省立韩师、韩山师范等。

训　规

韩山书院祀韩愈，韩愈的道德文章是书院的根本之学。乾隆七年（1742年）担任山长的佘圣言，是雍正年间进士，当过纂修官，后回陆丰，出任韩山书院山长后，为韩山书院制定学约八条：敦实行、崇经学、正文体、严课程、习声律、谨礼节、重友谊、戒轻薄。清末，丁宝铨整顿书院，手订章程数十条。

潮州路韩山书院记（元吴澄作，节选）

予谓书院之肇基也，以韩子之能文见于道也。书院之增修也，以王侯之能有志于教也。潮之士其如之何，必也学韩子之学，业精行完，进进而贤，则奚翅贡于王廷，如韩牒所期而已；由是肆先师之学，道明德立，骎骎而圣，则奚翅笃于文行，如苏碑所褒而已。不然学于书院，昔犹夫人，今犹夫人，

2015年重建的韩山书院

欲与赵德并且不可，是为深有负于君师之作养，又何望其高睨圣贤之蕴奥乎？陈文子日：“潮城之东，隔水有山，文公平曰憩息之地，手植木尚存。潮人称其木为韩木，山为韩山，后取城东之韩山以号城南之书院云。”王侯名元恭，蠡人也。

韩山书院章程（1902年丁宝铨作，节选）

一、住院生并禁止室内饮酒喧呶以及一切游戏无益之事。

一、住院生同居院内，须知合群之义，互相敬爱，互相研究，不得无礼相加及相欺谩，致启女杂厕其间，尤属不合，已发款五十元勒令斋婆他徙，中进祠宇改为崇节堂，后进高悬三楹，颇洁净轩敞，即为韩山藏书之地。其馀一切房屋，亦由韩山值年经管，归人院产之内。

一、现在各项浮费已裁，所馀款项，每岁生童膏伙较从前已加一倍，所有南畔洲等产所加之租，每岁提二千四百元，另拨助岭东同文学堂支用，递年由学堂董理赴道署分两季支领。科举改章，学堂亦将并有进身之路，嗣后如学堂准有出身韩山院生，择其程度高者，即准作为学堂学生送入学堂肄习，俾书院与学堂合而为一，院生如有自愿人学堂学习外国语言文字者，亦即准占学堂学生之额，以示鼓励。

一、韩山掌教必延请中西学普通之人，出身仍必须进士、举人、拔贡、副贡、优贡或师范学堂领有卒业文凭者，以示限制。掌教束脩仍照从前章程致送，但山长必须长年住院，不得蹈近时寄卷评阅恶习，致院生无所讲受。

一、书院向无书籍，近来科举改章，此后学务必中西兼习。惟新译东西书籍，寒士无力购买，应筹款陆续购置，庋藏院内，以供披览。此次所购新书二百零六种，地图二十一种，皆存崇节堂后轩。

名人

丘逢甲

丘逢甲（1864—1912），台湾苗栗县人，祖籍广东蕉岭县。爱国志士、教育家、著名诗人。光绪十五年（1889 年）登进士。中日甲午之役后，在台湾参与领导抗日斗争，事败内渡，致力于新学教育。光绪二十三年（1897 年）任韩山书院主讲，并曾讲学景韩书院。后曾任广东教育学会会长等职，并参与孙中山的民主革命。

一、此次所购新译书籍不下百馀种，颇足供院生普通学术之用，务宜慎重爱护，如有遗失以及污损，责令赔补。

一、院内所储书籍，每月月底董理必亲手检查一次。

一、向章每年每月四课，现拟改每月三课：一道课，二府县与分司轮流，三为山长专课。又向章生童经第一课取人正副课者，即领长年膏伙，现拟自明年起均改为随课升降，俾可及时陶淑人才。

一、院生向多冒名顶替之弊，每课所取，往往名非其人，且止凭课卷，亦属一日短长。此后住院各生应各备折记，每月将所阅某书某卷记其所得所疑，至月终汇呈山长批阅，与课卷参合，为升降之准，且藉此山长亦可与院生接洽。

一、正课生员前二十名，每名膏伙六元，三十名每名五元，四十名、五十名每名四元；外课三十名，每名二元。童生正课前二十名膏伙五元，三十名每名四元，四十名、五十名每名三元；外课三十名，每名二元。均奖赏在外。

一、每年甄别定期十月二十日，先廿日晓示，俾远道应考者不至有后期之叹。

一、住院生如逢课期，已领卷而不作文交卷者，即除名额。

一、致祭韩、陆二公祠，每岁支银三十两，届期由董理率院生行礼。

一、每年支卷费银四十两，房书、笔墨、纸张银四十两。

一、支监院每年轿金并开馆仪席银六十元。

一、院内门斗、长班、水夫、更夫四项月支，每年开支银一百两。

一、胥斗俱归监院、绅董约束，如有舞弊误公、滋事惰玩，不守规矩者，由监院、绅董革换，毋得瞻徇。

故 事

韩文公祠与韩山书院

韩愈，字退之，河南河阳（今河南省孟州市）人。唐代杰出的文学家、思想家、哲学家、政治家。唐元和十四年（819 年），时任刑部侍郎的韩愈，因为谏迎佛骨，激怒了宪宗皇帝，被贬到潮州任刺史。韩愈任潮州刺史其实只有八个月，但是，他并没有因为被贬而消沉，而是以一种强烈的责任感和爱民之心，在潮州兴办教育，兴修水利，传播中原地区先进发达的农业文明，选拔潮州的优秀人才加以任用。潮州人民为感念韩愈，潮州的江山都姓了韩：韩江、韩山、韩堤、韩文公祠、景韩亭、昌黎路、祭鳄台等等。纪念和感戴韩愈，其实是一种人文精神和民心所向。

韩山书院可追溯到建于宋元祐五年（1090 年）的韩公庙。宋代潮州兴建韩文公祠，祀贤传道，以纪念这位伟大的先贤。后来有了韩山书院，“潮人以思韩之故，而有庙祀，而有书院，扁以韩山”。“庙学结合”是中国封建社会的教育规制。书院以祀贤为第一要义，韩山书院的出现，与潮人祠祀韩愈紧密联系在一起。

近代篇

菊坡精舍

简　史

清同治六年（1867 年），由时任广东巡抚的蒋益澧和两广盐运使方浚颐创建，因原址越秀山长春仙馆是宋朝名臣崔与之（号菊坡）晚年读书之所，故得名。专供考课讲学之用，没有学生入住的斋舍。光绪八年（1882 年）院长陈澧卒后，不设院长，仿学海堂例改设学长。光绪二十九年（1903 年）十月停办，光绪三十四年（1908 年）与应元书院合并，建立存古学堂。民国时，旧址改建为执信中学，后执信中学迁于他处，1928 年又改为广州市立一中。1938 年日军进攻广州，旧址被夷为平地。

名人

崔与之

崔与之（1158—1239），南宋名臣，号菊坡，广东增城人。曾任四川制置使等职。其言切于时弊，匡扶国势，摧折权奸。淡泊功名，曾八辞参知政事、十三辞右丞相职位。治学主张经世致用。晚年居广州，创岭南历史上第一个学术流派“菊坡学派”。

训　规

陈澧接受菊坡精舍掌教职位后，明确表示要“请如学海堂法”，即在办学宗旨上完全规仿效法学海堂。菊坡精舍也以讲授考课经史词章实学为主，与专门应付科举考试、教授八股帖括时文的旧式书院完全不同，它以培养汉学、朴学人才为目的，是清代与诂经精舍、学海堂性质一致的新式研究型书院。菊坡精舍在办学宗旨上大体规仿效法学海堂，但也不是亦步亦趋，完全抄袭雷同，二者在考课方式等方面还是有一些差异。

菊坡精舍章程（1870年作）

一、向建菊坡精舍为专课通省举贡生监经史诗赋之所，仿照《学海堂章程》，童生不得与试。

一、聘请院长，须隔年九、十月间禀请院示，送关聘定，专主阅卷。

一、监院须详委品端学裕教职一员，管理院中事务及考课支应，每于年终详委一次。

一、省垣各书院以时艺课士，此间向仿学海堂例，试以经史诗赋，不拘体格，俾得各尽所长，务为根柢之学。每月定期初八、十八、二十八日三课，在精舍扃试，当日缴卷，不准继烛，如违即除名出院。

陈　澧

陈澧（1810—1882），字兰甫、兰浦，号东塾，世称东塾先生，广东番禺人，清代著名学者。一生从教40年，任学海堂学长，主持菊坡精舍，形成“东塾学派”，亦被誉为“晚清岭南大儒”。学问遍及天文、地理、乐律、经史、算术、诗文等，著述以《东塾读书记》著称。

一、每岁分为十二课，自督、抚两院及藩、臬、运粮道挨次轮课。周而复始，其官课卷，即封送院长校阅。除官课外，每月小课，应由院长酌定，每月两课。

一、课卷另备白折卷，盖用菊坡监院钤记。

一、课卷前列可备选刻者，另钞一册，由监院收存，挨集有成数，酌议送呈操选政者选改发刻，卷仍随时散给各生。

一、课业诸生，务取勤学立品，可为士林表率，用备将来承明著作之选，除举贡外，其廪、增、附、监各生，或经学院考取各属经古，方准与试。或由三书院山长考取前列，酌送与课。准各该生先期赴菊坡精舍由监院处亲填履历，以便汇列名册，届期点名给卷。其有贤良方正，奇材异能，可膺特荐者，另候各道、府、州、县覆实保举，填注考语，另文申送到院入课，以副搜访真才至意。

故 事

菊坡精舍的刻书事业

菊坡精舍创建以后，藏书与刻书也是其两大重要功能。菊坡精舍不光有日常运作的经费，还有专门的藏书经费，用于收集经史之书。此外，菊坡精舍还曾刻书。在同治年间各地纷纷创建书局的风气下，菊坡精舍创办之初，其创办人蒋益澧、方浚颐和陈澧就在菊坡精舍内成立了广东书局，专事刻书，先后刻印了《十三经注疏》《孙子》等。同治末年，广东书局逐渐停办。张之洞任两广总督后，重新在菊坡精舍内恢复广东书局，而且规模更大。光绪十四年（1888 年）广雅书院开办后，张之洞即将书局迁入广雅书院。

胡汉民

胡汉民（1879—1936），幼名胡衍鹳，后改名胡衍鸿，字展堂，晚号不匮室主，汉民是他在《民报》上发表文章时所用的笔名。出生于广东番禺，祖籍江西吉安。资产阶级革命家，中国国民党早期主要领导人之一，也是中国国民党前期右派代表人物之一。曾以院外生名义在菊坡精舍学习。光绪二十七年（1901 年）中举人。光绪二十八年（1902 年）赴日本留学，光绪三十一年（1905 年）9 月加入中国同盟会，任《民报》主编，从此成为孙中山的主要助手之一。孙中山逝世后主持编写了《总理全集》。曾先后在南京临时政府、中华革命党、广东非常大总统府及国民党政府中担任要职。

广州同文馆

简　史

广州同文馆于清同治三年（1864 年）建成开馆，位于当时广州市北大门朝天街（今朝天路）。清总理大臣奕訢鉴于签订条约与办理外交事务时，没有精通外语的人才而备受欺蒙的现实，便上奏朝廷，于 1862 年 8 月，在北京开办中国第一所新式外语学校——京师同文馆。紧接着，洋务派另一首领李鸿章又上书要求在上海、广州亦如法炮制。广州同文馆是广州第一所近代化新式学校，学制三年，学生学习的科目主要有英语、法语、德语、俄语、日语、汉语和算学。后学制逐渐增至八年，专业也增加了天文、地理、生理学、解剖学等。广州同文馆培养了大量翻译和外交人才，对中国近代史产生了重大影响。清光绪三十一年（1905 年），广州同文馆改为译学馆，正式停止。

训　规

广州同文馆在当时颇受清政府的重视，其内部管理也很严格。为了明确培养目标和奖惩办法，它曾援引京师同文馆和上海广方言馆之例制定了馆章，共15条。广州同文馆教学中的一个明显特点是与社会挂钩，注重学用结合。学生在学习的同时，经常翻译一些外文电报、文件，高年级学生则开始译书，对译书好的学生加以奖励，而且优先录用。有严格的管理制度，又有官阶、奖学金等的吸引，所以馆中学生大都学习刻苦努力，成绩优良，涌现出不少人才。

开设教习外国语言文字学馆折（附章程十五条）

（1864年毛鸿宾作，节选）

伏思学馆之设，教育人才，期于晓畅翻译，通澈中外事理，以备缓急之用，洵属及时要务。粤省先因勘择地基。建筑馆舍，并筹经费，一时尚难集事，致缓举行。现于省城大北门内朝天街，租赁房屋二所，稍加修葺，作为学馆，可省择地建筑之烦，并免再稽时日。一面遴派镶黄正白旗汉军协领王镇雄，为该馆提调。并委正白旗汉军防御谈广楠、候补县丞汤森为馆长。查有江西南丰县翰林院编修吴嘉善，品行端洁，文理优长，堪为汉文教习。又美国人谭顺，精熟西文，人亦体面，堪为西文教习。均已延聘在馆，分司训课。即在广州驻防满汉八旗，向习清书翻译子弟内，拣选资质聪慧年岁二十左右者十六人，又访择汉人世家子弟才堪造就者四人，共肄业生二十名，送入馆中，于同治三年五月二十日开馆，认真学习，递年考试，甄别一次。若该生于中外语言文字无所通晓，即应分别黜退更换。如在馆三年，学习有成，即派充各衙门翻译官，准其一体乡试。其由翻译官出身之员，著有劳绩，均以府经历县丞升用。旗员愿就武职者，以防御升用，俾资鼓励。如有清白安分之人，自愿入馆附学，亦准公正官绅保送入馆，一律训习。考试仍定额十名，示以限制。所需馆租、廪饩、薪工等项经费，每年约共支银四千八百余两，由臣毓清在于粤海关征收船钞项下，酌量提拔，移送支用。按年汇册报销，以归核实。其一切条款章程，均循照总理衙门原议，及上海定章，并就地方情形，酌中拟议妥办。臣等仍随时督饬，严密稽查，断不准有影射传习天主教等弊。并按期考试，分别激劝，务令精心研究，奋力学习，将中外语言文字，融会贯通。期著成效，以仰副圣主勤求实学，化育人才至意。

所有拟议章程十五条，谨缮清单，敬呈御览。是否有当，恭候谕旨裁定遵行。……

谨将广东省开设教习外国语言文字学馆。拟议章程，及需支经费各数，缮具清单，恭呈御览。

一、学馆已租赁省城北门内朝天街房屋二所，作为广东同文馆，议定每月租银一十七两二钱六分，将来如有迁移加增，总在二十两以内为度。

一、同文馆设立提调一员，由广州将军在协领各员内遴派充当，以资统率。另设馆长二员：旗员用防御，汉人用佐杂，经理馆务。

一、同文馆延请汉人教习一人，西洋教习一人，取能通算学，有裨西学之实用者，每日巳、午、未三时，由西教习训课。早晚各时由汉文教习训课。仍随时兼习清字清语，以重本务。另添设背书分教习二人，由广州将军于驻防文生员内选派赴馆，俾资诵习。

一、同文馆肄业生额设二十名，内旗人十六名，汉人四名，年各二十岁以下十四岁以上，拣选世家子弟之聪慧者，送馆肄业。

一、同文馆肄业生由旗汉各绅保举，提调总核保举人数，酌定等第，先挑选二十名入馆肄业，仍挑选存记二十名，以备肄业生或有事故，挨次挑补。

一、同文馆肄业生二十名，每年甄别一次，其于西洋语言文字无所通晓者，即行撤退，挑选更换。

一、同文馆肄业生以三年为期，能将西洋语言文字翻译成书者，分别派充将军，督抚、监督各衙门翻译官，准其一体乡试。其由翻译官出身者，以府经县丞为升阶。旗员愿就武职者，以防御为升阶。

一、同文馆肄业生，每日卯刻入馆，酉时出馆。其愿住宿馆中者，听。或因事乞假，先向馆长报明，违者撤退。其因事出馆者，馆长即回明提调，另行挑补。

一、旗汉年逾二十之举监生员，及候补流离人员．有愿学西洋语言文字者，准其呈明提调，或由地方官绅保送入馆学习，伙食由其自备。仍以十名为限。

一、同文馆一切事宜，及肄业生出入更换，由馆长呈明提调，随时申报将军、督抚衙门稽核。

一、同文馆经费，由粤海关监督衙门筹拨支放。所有一切事务及延请西洋教习．关订汉文教习，应即归监督总理。

一、汉文教习束脩，每年四百八十两。纸张笔墨书籍等项银，每月四两。西洋教习束脩，每年一千二百两。外国纸张笔墨银，每月十六两。背书分教习二人，每年各给膏火银三十六两。通事劳金，每年四百八十两。提调薪水，每年二百四十两。馆长薪水，每年一百二十两。书写厨役，月各给工钱二千文；门役打杂，月各给二千文。闰月俱照数加给，均由馆长领放。

一、汉文教习，馆长，每日饭食钱一百二十文。肄业生每日膏火银一钱。书写二名、厨役二名、门役二名、杂役二名、及仆从人等三名，每名每日饭食钱八十文，均由馆长领放。

一、同文馆每月考查一次。一等二名，每名赏银二两。二等四名，每名赏银一两。一年约需奖赏银八十八两。

一、同文馆岁修房屋，添补什物油烛纸张，每年约需银二百两。

故事

广州同文馆对近代中国外交的贡献

在广州同文馆成立以前，广东省的一般涉外事宜主要由“通事”充当翻译，这些人或是买办，因与洋人打交道多了，懂得了一点外语，但非常肤浅；或是在新加坡、香港的一些教会学校学过外语，洋奴气十足，所以“往往颠倒错谬，或挟私自为增减其辞，以致彼此意见不合，枝节横生”，给广东地方政府办理外交和通商事务带来了许多困难，两广总督瑞麟就于同治十年（1871 年）上书奏请于该馆内选择通晓西语者来代替“通事”一职，以杜其弊。广州同文馆学生还根据总理衙门的规定，经常调京考试，合格者授以正式翻译官的头衔。如同治六年（1867 年）该馆学生蔡锡勇、那三、博勒洪武、韩常泰、左秉隆、坤扬等六名学生，在广州将军庆春的带领下赴京应试，结果遂分别授以官职。蔡锡勇成绩最佳，授为监生，其余五人作为释译生员，准其一体乡试，送回广东充广东将军或督扶等衙门任翻译官。

名人

左秉隆

左秉隆（1850—1924），字子兴，祖籍沈阳。十五岁入广州同文馆习英文、数理。光绪四年（1878 年）随曾纪泽出使英国，任英文三等翻译官。光绪六年（1880 年）任清政府驻英属新加坡第一任总领事，连任三届。在职九年之中，他在调停缓解中英关系，保护华侨的正当权益，发展同英国、新加坡的正常邦交等方面都作出了重要贡献，同时大力推广中华文化，在当地掀起兴学之风，颇有“启蒙运动”之势，被时人誉为“韩之于潮，苏之于琼，朱之于漳”。光绪三十一年（1905 年），清廷遣五大臣赴东西洋考察政治，左秉隆充头等参赞官，游历日、美、英、法、比、德、奥、意等国，获英牛津大学赠名誉学士学位。光绪三十三年（1907 年），派驻新加坡兼辖海门等处总领事官。宣统二年（1910 年）辞职。撰有《勤勉堂诗钞》七卷。

应元书院

简　史

应元书院位于广东广州，清同治八年（1869 年）广东布政使王凯泰创设于粤秀山麓应元宫。每年二月十五前进行甄别，选举人入学，录取正课 30 名、外课 10 名、附课 25 名。修业以备应考翰林，为广东书院中程度之最高者。光绪二十九年（1903 年）废，改为广东先贤祠。光绪三十四年（1908 年）与相邻菊坡精舍合并，建立存古学堂。民国间改为广州市立一中。

训　规

应元书院是举人集中深造备考的场所，科举应考是其核心。清同治年间制定的《应元书院章程》，反映了书院的教学思想。

应元书院章程（清同治年间作，节选）

一、延请师长

《会典》载：凡各省师长，由督抚学臣不分本地邻省，已仕未仕，择经明行修者为多士模楷，以礼聘请。今此书院专为考课举人而设，拟定延请词林先达、品正学纯者。

一、严禁弊端

递年甄别以及月课不准顶替兼名，察出即扣除，至甄别以及官课卷均由

应元书院旧照

监院官糊名封送，委员认真校阅，拟定甲乙，不得徇人干请，草率颠倒。违者，该委员各记大过。再，此院专为举人而设，凡恩、拔、副、岁、优五贡，向在三书院肄业，无庸与考，至举人中，有实缺官员及现任教职，并曾经出仕回籍者，均无庸与考，如入考，察出扣除。

一、定准课期

每岁二月望前，由监院官禀请督、抚两院亲临鄄别，先期三日，愿考者到监院报名造册，届期黎明，集各举人于贡院扃门封卷，编列坐号，名用浮签，交卷自行揭去，卷用白折誊写，各尽一日之长，不得逾限，填榜即以坐号取定甲乙，内课三十名，外课二十名，附课五十名，均送入院肄业。每年自三月初二日开课，至十二月初二日止，并甄别共二十课。

每月两课，初二日为官课，十六日为师课。初二日官课，考制艺、试帖各一。十六日师课同之。卷皆用白折誊写，格照翰林院式。

每月初二日兼出古学课题或赋或策论，用殿试卷誊写。诗赋格照庶吉士散馆式，策论格照新贡士殿试式，限本月十六日带缴，由山长评定甲乙，发交监院官封送本月按课之院司道各衙门阅后，再送山长，然后榜示。如古学卷不缴，以缺课论，扣本月膏火之半。

每月官课，督、抚两院，藩、臬、运、粮四衙门，以次按考，先期由监院禀请，周而复始。惟督学院则须禀请候示。

每岁甄别，未及预考或考而未录者，准其随月官课投考，监院官封送，卷面标明投考字样，发榜时另录一榜，俟录送入院，下月即同内、外、附课一律考试。

一、分别赏罚

每课榜发列前十名者，例各给奖赏银，官课加赏不在此数。每月膏火以初二日官课取列名次为定。如师课不到，仍扣本月膏火之半。甄别已经录送，逢官课两次不到，应于到课后取列内外课者，扣本月膏火之半，三次不到者应全扣一月膏火，俟下次取列内外课再行照给，惟丁忧应遣人报明监院，百日内免课投考。已经录送，逢课不到亦如此例。所扣膏火存为刊刻课艺之资，外省举人不得与考，察出扣名。每课皆扃门校艺，尽一日之长，携卷出者，以缺课论，匿卷不缴者，于下月考课取列内外课者扣除一月膏火，不完卷者扣名，剿袭成文者扣名，达旦逾限者以及誊写违式，并非应课文字擅录附呈者，概不收阅，仍以缺课论。

一、修明礼法

每岁甄别榜发，监院禀请督、抚两院，定期行开馆礼，如省城三书院之例。每岁开课前三日由山长示期，各肄业者冠服入谒，不到者扣名。无论官课、师课，接卷须各具冠服，盛暑不废。

院中每春秋二祭，山长主祭，监院禀请藩司委官一员，同监院官陪祭，肄业者分派执事，毋得临期愆仪。

书院为培养人才之地，各举人宜敦品积学，他日莅官临民，方可不负所学，其有干预公事，饮博流荡，沾染习气，结交非人者，察出即行扣除。

廖廷相

廖廷相（1842—1897），字子亮，又字泽群，广东南海人。清光绪二年（1876年）进士，改翰林院庶吉士，授编修，充国史馆协修。假归后不复出，历任水陆师学堂总办、惠济义仓总理、南海保良局总理，金山书院、羊城书院、应元书院、广雅书院山长，又任学海堂和菊坡精舍学长10余年。早年从陈澧专课经学，尤长于音韵之学。群经中，精研三礼，著《三礼表》一书。析粤东水道源流派别，著《粤东水道分合表》二卷。居京师时，撰《顺天人物志》六卷。还著有《经说》《韵学》《诸史札记》《金石考略》和文集等若干卷。

故事

应元书院的神奇“应元”

应元书院的创办，主要是因为当时清朝的科举制度取人过多，很多得中的举人都无官可做，要么无限期候补，要么在家读书准备进京考取进士。但广东距京师路途遥远，上京赴考一次实为不易。应元书院专门为这种举人而设，聘请名师讲学，一来可为在家的举人提供读书之所，二来可提高中进士的概率。

书院之所以取名为“应元”，主要是因为书院所在地为应元宫旧址，但“应元”二字却正好可勉励学生修学参加考试要争取考中会元（会试第一名）乃至状元（殿试第一名）。或许是“应元”二字的激励，就在书院成立后的两年（1871 年），来自顺德的梁耀枢就一举高中状元，第二次应试又取得一名探花名谭宗浚，应元书院名声大振，广东的举人纷纷慕名到应元书院求学。

广东水陆师学堂

简　史

广东水陆师学堂的前身是清光绪八年（1882 年）开馆的广东实学馆。清光绪十年（1884 年）张之洞督粤，又改名“广东博学馆”。清光绪十三年六月十四日（1887 年 8 月 3 日），张之洞在博学馆原址创办广东水陆师学堂。广东水陆师学堂分为水师讲堂、水师操堂、陆师诵堂、陆师操场、陆师马步炮操场五部分。1893 年，两广总督谭钟麟为缩减开支，将广东水陆师学堂中陆师解散，水师讲堂则改为广东黄埔水师学堂。1904 年，岑春煊督粤，改办为水师鱼雷学堂，1912 年，改组为黄埔海军学校，1917 年改名为广东海军学校，1922 年停办。1930 年复校，1939 年日军占领广东后再次停办。

训　规

广东水陆师学堂之设，根本目的是培养洋务人才，尤其是军事人才。学生不仅要学习军事知识，还要学习外文、策论、四书五经等通识知识，以求造就完全人才。学生每年九个月在学堂学习，三个月在兵舰或兵营实习。水师学员毕业后，须到兵舰实习一年，后延至三年。学员除了在广东招生外，还招收福建船政学堂及天津的武弁和文童。张之洞的《奏创办水陆师学堂折》，集中反映了学堂创办的宗旨和理念。

奏创办水陆师学堂折（张之洞作，节选）

窃惟古今人才，皆出于学。学之为事，讲习与历练兼之。近日海防要策，首重水师兵轮，次则陆军火器。外洋诸国，于水陆两军皆立专学。天文、海道、轮算、驾驶、炮械、营垒、工作、制造，分类讲求，童而习之，毕生不

广东水陆师学堂

徙其业，是以称雄海上。我朝圣武恢闳，中国人材所萃，将才何一不备？兵法何一不精？特是时势不同，船炮机算诸端至今日而巧者益巧，烈者益烈，若欲应时制变，固非设学不可。

故 事

广东水陆师学堂的经费困窘

1887年张之洞改博学馆为广东水陆师学堂后，就博学馆旧生中考取40名，并调来闽籍学生50名，统学水师。继又挑选北洋武弁50名学陆军。以前的学生每月没有赡银，改为水陆师学堂后，每月发四两赡银。在教师方面，聘请了英国和德国的教师，还增建了水师课堂、水师操场、陆师课堂、陆师操场等，并耗银6万两新建了学舍，供学生修业和住宿。规格不可谓不高，用心不可谓不坚，但每年的日常开销也不过4万两。然而仅仅几年之后，1893年，谭钟麟任两广总督，为了缩减开支，将水师学生裁减，陆师学生直接解散，把广东水陆师学堂变成了黄埔水师学堂，学校规模大大缩小。仅仅一年以后，中日甲午战争爆发，清朝大败。虽然甲午战争的战败与广东并没有直接关联，但从谭钟麟缩减广东水陆师学堂的经费可以看出，相比于日本来说，中国是有多不重视军事人才的培养，甲午战争中国的失败，其实可以说是思想观念的失败。

名人

高剑父

高剑父（1879—1951），名仑，字剑父，后以字行。广东番禺人，中国近现代国画家、美术教育家、岭南画派创始人之一。早年曾肄业于广东水陆师学堂，后东渡日本东京美术学院研究艺术，在东京与廖仲恺、何香凝夫妇结识，1905年加入同盟会，奉命回国，组织广东支会，任会长。参加了著名的黄花岗起义及光复广州战役。民国初年他在孙中山资助下，与弟弟高奇峰在上海创立审美书馆，出版《真相画报》，宣传革命思想。孙中山去世后，他专心致力于中国画的革新和创造，后在广州设立春睡画院，培养了不少美术人才。历任中山大学国画教授、南京中央大学艺术系教授、广州市立艺术专科学校校长。

广雅书院

简 史

1888 年 6 月，由时任两广总督张之洞所建。1901 年，清政府颁布皇令“废书院，设学堂，改良私塾”。1902 年，两广总督陶模将广雅书院改建，成立两广大学堂。1903 年，当时的两广总督岑春煊将两广大学堂改名为广东高等学堂。辛亥革命后改为广东省第一中学，1935 年改为广雅中学，1969 年改为广州市第五十四中学，1978 年复名为广东广雅中学至今。

训 规

张之洞在《请颁广雅书院匾额折》文中曾阐明广雅书院的办学宗旨："臣设立书院之举……上者阐明圣道，砥砺名节，博古通今，明习时务，期于体用兼备，储为国家桢干之材。次者亦能圭璧饬躬，恂恂乡党，不染浮嚣近利习气，足以潄身化俗。"

广雅书院学规（张之洞作）

（一）定居。肄业诸生，皆须住院，不住院者，不得领膏火。东省居东斋，西省居西斋，由监院派定注簿，不得东西杂居，任意搬移。

（二）尊师。入院者皆须谒见院长，恪遵规矩，虚心请教。（贽以备礼，来院皆系寒士，贽以百钱为率。）

（三）分校。设分校四人，经学、史学、理学、文学，分门讲授，以代院

广雅书院

长之劳。各衙门官课，仿学海堂之例，统归四分校代阅，详加评点，分拟各门名次，仍送各衙门复核。合定名次发榜。斋课亦由四分校评阅，各拟名次，送院长复阅，合定发榜。官课斋课，分校原拟各门，次第复阅，均无妨更动。

（四）监察。设东西监院二员，分任经理两省诸生，其一切院事，仍公同商办，以归划一，诸生须听两监院约束，不得过分畛域。

（五）分斋。每一斋十舍，设斋长一人，由院长择品行老成，学业较优者充之，优加膏火，以便分斋稽察课程，奉行院长教法，转相指授，无其人则暂阙。

（六）恤远。东省外府暨西省各属，视其道里远近，加给盘费，按月匀给。

（七）给假。乡闱、岁科试及有事故者，须禀明监院，转禀院长给假。假内不扣膏火。

（八）敦行。入院诸生，先行后文，务须检点身心，激发志气，砥砺品节，率循礼法，理求心得，学求致用，力戒浮薄，归于笃厚，谦抑谨饬，尽心受教，由院长暨监院随时考核，察其行检是否修饬，分别劝惩。

（九）专业。诸生各尽一业，以期专精一经学（小学属焉），一史学（《通鉴》、舆地属焉），一理学（宋、元、明及国朝诸大儒文集、语录及历朝学案皆是，不仅《性理》一书），一经济（国朝掌故属焉）。凡四学各随性所近者，择而习之，各门皆令兼习词章以资著述，而便考校。子部书随人自为涉猎，毋庸专习，如才力过人，能兼及数门者听，不在考校之列。

（十）日记。各生各立课程日记，按日注明所业于簿，诵习抄录记其起止，解说议论有得即记，以便院长按业考勤。

（十一）习礼。春秋定期，院长率诸生致祭濂溪先生祠、岭学祠，每月朔望均须随同院长诣两祠行礼，毕，齐集讲堂，公揖院长致敬。

（十二）考核。朔望行礼后，各携所业日记簿，呈院长听候考核询问。

（十三）听讲。人数众多，必须分班讲授，方能受益，其如何分班及讲期疏密，由院长酌定。

（十四）课期。每月官课一，斋课一，官课于初旬，斋课于中旬。东西各为一榜，每榜前七十名，皆有奖赏，以名次为等差。每年自二月至十二月，皆有课，官斋共二十二课，遇闰加课。

（十五）课题。每课即就所习经、史、理学、经济四门发题考校，各觇所业，缴卷以三日为限，勿庸考试时文。

（十六）给书。诸生每名各皆发给切要书籍数部，以资肄习。

（十七）掌书。设掌书生二人，经管收藏冠冕楼书籍，诸生领阅缴还，随时记簿，领阅藏书者，不得污损遗失，及携出院外。

（十八）人役。每斋设斋夫二名，专管洒扫院宇、启闭门户、典守器具一切杂物。

（十九）门禁。诸生每日必宜早起、院门每日限定更时扃锁，诸生不得夜出，责成监院切实稽查。

（二十）限制。院内不得容留闲人住宿，未调入院之诸生，亦不得阑入。

（二十一）院规。院内禁止赌博、酗酒、吸食洋烟。

（二十二）守法。院内诸生不得干预词讼、造言、低讪、滥交北匪、恃众生事、为人作枪。

（二十三）正习。院内诸生，不得恃人傲物，夸诞诡异，诋毁先儒，轻慢官师，忌嫉同学，党同伐异，以及嬉荒惰废。以上三条如有不遵，即行屏斥出院。

（二十四）附课。调取咨送，有溢于定额者，到院面试，取录者准作附课候阙，不领常膏火，有额即补。

（二十五）外课。未经调取咨送者，亦准应课作为外课，别为一榜，有奖赏无膏火。

名人

张之洞

张之洞（1837—1909），清末著名的政治家、军事家和洋务派代表人物。咸丰二年（1852年）顺天府解元，18岁中举人，26岁中进士。同治二年（1863年）探花，庶吉士，历任翰林院编修、教习、侍读、侍讲学士及内阁学士等职，一度是清流派健将，后期多担任地方大员，历任山西巡抚、两广总督、湖广总督、两江总督（多次署理，从未实授）、军机大臣等职，官至体仁阁大学士，转化为洋务派的主要代表人物，大力倡导“中学为体，西学为用”，是广雅书院的创始人。

（二十六）杜弊。诸生膏奖盘费，俱发银票，监院及科书不得扣减分厘。

（二十七）学成。三年学成甄别，以定去留，学不进益者开除。

故事

广雅 “风清气正” 校风形成溯源

梁鼎芬

梁鼎芬（1859—1919），字星海，一字心海，又字伯烈，号节庵，别号不回山民、孤庵等。广东番禺人，晚清学者、藏书家。光绪六年（1880 年）进士，授编修。历任知府、按察使、布政使，因弹劾李鸿章六大可杀之罪，被罢官。南归后任广东丰湖、端溪书院院长。后应张之洞聘，任广东广雅书院首任山长（院长），为《昌言报》主笔。清帝逊位后，与陈宝琛同为末代帝师。又以遗老自居，参与张勋复辟。诗词多慷慨愤世之作，与罗惇曧等人并称“岭南近代四家”。

1887 年，两广总督张之洞为培养洋务人才，自筹经费，亲选院址，始建广雅书院，次年落成，成为两广最高学府，亦是清代省级用银最多、占地面积最大、图籍最丰、颇具民族园林特色并有护院河、护院墙的封闭式书院。“广雅”二字，是张之洞亲自命名并题写匾额。梁鼎芬解释：“广者大也，雅者正也”，即要培养学识渊博，品行雅正的人才。

张之洞挑选的首任广雅书院院长是梁鼎芬，第二任校长朱一新，都是人品端正、才识过人的“学士”，1928 年梁漱溟就任广雅校长伊始，立下了“务本求实”的校训。梁漱溟曾自述道“我的生命就系于责任一念”，他教育自己的孩子，做人要“堂堂正正，不贪心，不做坏事”。历史上的广雅校长，都有着铮铮铁骨，选任这些“学士”做校长，为形成广雅风清气正的校风奠定了坚实的基础。

万木草堂

简　史

中法战争后，康有为为了宣传其维新变法思想，于光绪十七年（1891 年）创办了万木草堂，聚徒讲学，宣传改良主义思想。1892 年，万木草堂迁至卫边街的邝氏宗祠（今广卫路附近）。1893 年，因来学者众，遂迁至广府学宫仰高祠（今文明路广州市第一工人文化宫内）。习惯上，人们将康有为在这三址所办的学堂统称为“万木草堂”。康有为在这里主要讲授中国数千年来学术源流、历史政治沿革得失，旁及西方国家历史、政治。万木草堂成为戊戌变法策源地，培养出一批著名的维新变法的人才。1894 年康有为赴北京参加会试，一度停办。1896 年后又有短期讲学活动。

训　规

光绪十七年（1891年）三月，康有为撰写了《长兴学记》作为万木草堂学规，以《论语》“志于道，据于德，依于仁，游于艺”为纲，对学生施以德、智、体教育。万木草堂明确提出以“中体西用”为办学宗旨，而且采用中西并重的教育内容，对当时的书院教学影响很大，后来梁启超在湖南主讲时务学堂时，基本上因袭了万木草堂的办学精神。

长兴学记（康有为作，节选）

同是物也，人能学则贵，异于万物矣；同是人矣，能学则异于常人矣；同是学人也，博学则胜于陋学矣；同是博学，通于宙合，则胜于一方矣；通

万木草堂

于百业，则胜于一隅矣；通天人之故，极阴阳之变，则胜于循常蹈故、拘文牵义者矣。故人之所以异于人者，在勉强学问而已。夫勉强为学，务在逆乎常纬。顺人之常，有耳、目、身体，则有声、色、起居之欲，非逆不能制也。顺人之常，有心思识想，则有私利隘近之患，非逆不能扩也。人之常俗，自贵相贱；人之常境，自善相高。造作论说，制成事业，与接为构，而目惑荧，而心洽就。

名人

康有为

康有为（1858—1927），近代政治思想家、学者、维新运动领袖。广东南海人。创办万木草堂。发动“公车上书”，要求救亡图存。掀起维新运动，促成戊戌变法。失败后继续坚持君主立宪主张。代表作有《新学伪经考》《孔子改制考》《大同书》《广艺舟双楫》等。

故事

康有为创办万木草堂

康有为出身于书香门第，自少广览旧籍，并读过一些家藏的西书，从小就立有远大的志向，自视甚高。19岁时师从当时名儒朱次琦于礼山草堂，苦读两年。后来历游香港、上海，接触到大量的西书，自称“新识深思，妙悟精理，俯读仰思，日新大进”。光绪十四年（1888年）冬，康有为到北京参加顺天乡试，借机第一次上书光绪帝，请求变法，受阻未上达。当年九月，他再次上书光绪帝，痛陈祖国的危亡，批判因循守旧，要求变法维新，提出了“变成法，通下情，慎左右”三条纲领性的主张。光绪十六年（1890年）春，他举家迁往广州，并开始讲学。由于他以布衣上书的名气很大，当时正在学海堂读书的陈千秋、梁启超等人纷纷前来请益，并为他的学识所折服，愿为弟子。这时，青年学子也慕名闻风而来，康有为应陈、梁之请，便正式开办学舍，创建万木草堂。

麦孟华

麦孟华（1875—1915），字孺博，号伤心人、聋僧人。广东顺德人。1891年入万木草堂，成为康有为的忠实弟子。少时与梁启超齐名，在草堂弟子中有“梁麦”之称。1895年春与康有为、梁启超一起进京应试，参加“公车上书”。戊戌政变后，逃亡日本，协助梁启超创办《清议报》。次年代梁主持该报。1902年任《新民丛报》撰述，民国后曾充任冯国璋幕僚。生平喜爱吟咏，词章绵丽沉郁，著有《蜕庵诗词》三卷，后为友人收入《粤两生集》。

时敏学堂

简　史

1898年由邓家仁、邓家让、陈芝昌等人组成的时敏学会发起创立，为广东最早的新式学堂之一，意思是培养“敏于时务”的人才。校址设于广州西关多宝大街宝庆新街。时敏学堂将学制设为大学、小学两部。仿照西方学校课程，结合我国实际而开设课程。这种教育，在当时来说，是一种很大的革新。当时时敏学堂的办学者更有远见，于1901年，选派9名学生赴日本留学。1905年，遵照当时的学制改为时敏中学堂，邓家仁为校长。1912年，改校名为私立时敏中学。1917年，由邓家让继任校长。1919年因经费支绌，政局动荡，停办。

训　规

广州创设时敏学堂公启（邓家仁等作）

粤自中东肇衅，创巨痛深，国被殊耻。迩者胶州一役，攘夺效尤，强邻耽耽，环伺吾侧，目前切近之忧，不在内讧而在外侮，五尺童子，皆能喻之，无待智者也。是故圣天子忧劳于上，群百司悚息于下，翻然改计，变科举而兴学校。今春明降谕旨，诏开经济特科，方闻之彦，应时而起，咸争自振厉，以期副国家需才之意。吾党二三志士，闵时艰之孔亟，惧儒术之寡效，首倡学会，各集同志，量为醵资，广购图籍，日有讲习，以扩见闻，月有程课，以抒心得。凡期人读有用之书，国储远到之器，城谊举矣。名日时敏，窃取《书》为学逊志务时敏之义，言敏于时务也。孔子系《易》曰：变通者，趋

原时敏学堂遗址时敏苑

时者也，时穷则变，变则通。穷而不变，犹处寒冬而御絺绤，却行而求及前人也。朱子曰：“今日吾人之进德修业，乃异日国家拨乱反正之所系。”使紫阳生于今世，其必为天算地舆格致之学，而不为考据词章帖括之学也审矣。然则时务之书，其可不亟读哉？虽然，事莫难于虑始，效必期于有恒，功课不精，则成就无几，章程不立，则遵守末由。谨公议学规，条具于下，与斯会者，勿狃故常，勿安浅近，勿分门户，勿事声华，赏奇析疑，集思广益，则他日通才硕学，为吾道作干城，为中国雪殊耻，胥由此也。大雅君子，其诸亦乐与有成欤？

时敏学堂章程（邓家仁等作，节选）

一、购书学子读书，本期致用。今所购者，一以经济之书为主，中学之书，除《四书》《五经》人所共有外，若历代地理，历朝掌故，本朝掌故，近代名臣奏议，及时贤新著之书，不嫌博采。其经史子集，但取其有关经济者购之。西学之书：日天算、日地舆、日格致、日制造、日政书、日史志、日交涉、日公法、日农矿工商兵刑诸书，分类广购，以扩见闻，而资讲习。

一、核实议每月会课检书一次，董事各友，轮值管理。其赢余银两，亦递年轮管。会课只设茶烟，毋得饮食征逐，至于洋烟，永远禁设。

一、聘教习以资启迪中国掌故诸书，及西书已译者，开卷了然，性之所近，自有心得。惟未译之书，尤多要义，非熟习泰西文字，未易讲求。格致一门，尤难索解，拟聘请中外通儒二人，专训泰西语言文字，及格致等学。

一、派游历以扩见闻儒者读书，百闻不如一见。凡地势险要，风俗盛衰，政治得失，非身人其境博采广咨，不能得其万一。艺学一途，更非考究不为功。议于同人，择气体充盈，识见卓越，无内顾忧者一二人，游学各国，凡所见闻皆笔于书，其有关中时局者，随时咨寄回堂，用新耳目。

一、译书籍以便寒畯西书以晚出者为贵，盖新法新理，层出不穷，市井所译，大半言不雅驯，且为射利计，故索价必昂。同人既习泰西文字，将来自可为译书张本，售书但取纸料工本，便人购买，资研究而作人才。

一、笃交谊以励实学本堂志在振兴，尤实坚定，将来与会既多，志趣或有互异，所愿不骄不吝，毋怠毋荒。勿拘拘于长幼贫富之间，宜拳拳于忠恕絜矩之道，患难相恤，疾病相扶，富者输财，权贵任势，贤智决策，规过劝善，互为手足腹心，合群志则至难亦易，合群力则举重若轻，将来磨炼日精，人文蔚起，于泰西何多让焉。

名人

陈焕章

陈焕章（1880—1933），字重远，广东高要人，清末民初思想家、社会活动家，孔教徒。15岁入广州万木草堂，师从康有为。光绪二十八年（1902年）在广州时敏学堂任教。翌年，任学堂监督。光绪二十九年（1903年）乡试中举。光绪三十年（1904年），联捷甲辰恩科进士。1905年赴美留学。1911年获哥伦比亚大学哲学博士学位。民国元年（1912年）归国，模仿基督教建制在上海创孔教会，任总干事，康有为任会长。1913年被聘为袁世凯总统府顾问，入京，与严复等联名致书参众两院，请定孔教为国教。1915年反对袁世凯称帝，离京返乡。1930年在香港设孔教学院，自任院长。主要著作有《孔门理财学》《孔教论》等。

故 事

与校长一同留学

萧友梅是中国现代音乐史上开基创业的一代宗师、现代专业音乐教育的开拓者与奠基者，为中国音乐文化的建设与发展，作出了不可磨灭的历史性贡献，在中国近代音乐史上享有崇高的地位。早年，他在广州著名的新式学堂时敏学堂里学习。在学堂里，萧友梅学习非常认真，成绩斐然。1901年，作为该校第一届优秀毕业生，随校长邓家仁一道留学日本。到日本，萧友梅先入东京高等师范附属中学，成绩也是名列前茅；随后升入东京帝国大学，就读于教育系，成绩同样名列前茅。1904 年，萧友梅转入东京音乐学校，专攻音乐。像所有当时忧国忧民的爱国志士一样，看着国家日渐贫弱，日渐挨打，萧友梅希望通过走音乐的道路扶持社稷于将倾，拯救万民于水火。

萧友梅

萧友梅（1884—1940），字思鹤，又字雪明，广东香山（今中山）人，被誉为“中国近代音乐教育之父”。1899 年就读于时敏学堂，1901 年随校长邓家仁到日本留学，后又留学德国。1921 年，担任北京大学音乐研究会导师，1927 年筹建国立音乐院，1929 年改组为国立音乐专科学校（今上海音乐学院前身）。萧友梅一生作曲 100 多首，所作《卿云歌》1920 年被定为当时的国歌。

南武学堂

简　史

1905年1月，由南武公学会成立，推谢英伯为校长。开男女同校先河，因入学的女生日多，便另在河南跃龙里增设南武女学（后改办为洁芳女校）。1912年，改名为南武中学校，增设小学。1918年，增办英文、日文、数理化等专修班。1926年，增办高中普遍科、商科和师范科。1933年，学生有千余人，成为广州河南区最大的一所中学。1952年后改办为广州市财经技术学校、广州市财政学校。1954年复办中学，定名为广州市第十九中学。1960年与市33中学、龙溪南小学两校合并，定名为广州市实验学校（当时全国十间实验学校之一）。“文革”期间学校易名为广州市第58中学。1984年11月复名为广州市南武中学。

训规

校训

爱国　力学　奉公　坚忍

学校第二任校长何剑吴因特别推崇辛亥革命的先驱陈天华烈士的强烈的爱国主义思想和浓厚的民族感情，就用他的语录“坚忍、奉公、力学、爱国”作校训，强调“德、智、体、群、美”五育并举，提倡爱国主义教育。校训既是对民主革命烈士陈天华高贵品格的生动写照，也是何剑吴老校长教育思想的集中体现，成了百年来南武中学教育实践的指导思想。

南武学堂操场

“坚忍”就是坚毅不拔。《史记》称“亚夫（周亚夫）之用兵，持成重，执坚忍”。校训用以勉励师生永远保持坚强刚毅、不屈不挠的奋斗精神。

“奉公”，是倡导陈天华烈士为反对清王朝的腐朽统治，反对帝国主义列强瓜分中国，不惜蹈海殉身的无私无畏精神，要求师生把实现国家富强、民族复兴作为自己矢志不移的信仰。

“力学”就是努力学习。史称陈天华烈士勤奋好学，视书如命，使他由一个放牛娃成为一个革命家、革命大文豪。所著《猛回头》《警世钟》，用通俗语言宣传反清反帝的革命思想，影响深广。他说：“不把他（列强）的好处学到手，可抵得住他吗?”“江山抢转来了，没有科学，又怎么行得去呢?”说明他读书救国的目的非常明确。校训勉励学生学习陈天华烈士苦学成才，为国效力的革命精神。

“爱国”就是弘扬陈天华烈士的爱国主义精神。“猛睡狮，梦中醒，向天一吼！百兽惊，龙蛇走，魑魅逃藏。”这段话表达了陈天华烈士唤醒沉睡的东方巨狮，唤醒民众，“万众向前”，拯救多灾多难的祖国的坚强信念。直到他反帝爱国的行动受到阻挠，满腔悲愤，跳海自杀时，还在《绝命书》中勉励人们“去绝非行，共讲爱国，坚持斗争，誓死救国”，希望“到那时，齐叫道，中华万岁!”校训勉励师生永远铭记陈天华烈士以身殉国，誓死爱国的高尚情怀。

故事

名人

何剑吴的南武岁月

黄　节

黄节（1873—1935），广东顺德人，南武公学会和南武中学创办人之一，清末在上海与章太炎、马叙伦等创立国学保存会，刊印《风雨楼丛书》，创办《国粹学报》。民国成立后加入南社，长居北京。袁世凯复辟帝制期间，黄节频频撰文抨击，致遭忌恨。此后，不再从事新闻舆论工作，专心致力于学术研究和教育事业。1917年，受聘为北京大学文学院教授，专授中国诗学。1922年拒任北洋政府秘书长，后曾担任过一年的广东省教育厅厅长兼通志馆馆长。因对时局不满，在1929年辞职，仍回北京大学，同时兼任清华大学研究院导师。1935年病逝。

何剑吴是南武学堂的第二任校长，是一位学贯中西的爱国知识分子。他将毕生智慧和岁月献给教育、献给南武。“北有南开，南有南武”，这是黄炎培教育总长对南武办校的肯定，更是对南武校长何剑吴一生为南武鞠躬尽瘁的肯定。他是民国时期我国有名的平民教育家，一生身体力行南武中学的校训“坚忍、奉公、力学、爱国”，历任南武六任校长，以军国民教育精神为基础，为国家培养了众多英才，使南武中学得以健康发展，成为蜚声南国的知名学府。南武后人都尊称何剑吴先生为“剑师”。

因痛感国弱民困，常受帝国主义欺凌，国人被人侮称为“东亚病夫”，何剑吴倡导德、智、体三育并重，强调学生要有强健体魄，将来才能为国效力。他开广东体育教学的先河，在南武中学大兴体育教育，吸取外国体育教学的经验，在校实施田径、球类的普及教育，培养了不少健将级的体育人才。何剑吴办学很注重师资素质。他礼聘国内著名大学毕业生、留学生和社会学者名流来校任教，但也不拘一格地录用有真才实学的能人。如文科教师龚诵秋，原是电报社青年职工，自学成才，何剑吴校长也破格录用。在何校长努力之下，20世纪30年代南武中学有学生千余人，是广州规模较大的著名中学。1935年，国难方殷，日本军国主义者已侵占我国大片领土。他六任南武中学校长时，看到学校男生大多数留了长头发“花旗装”，很不合抗战精神，也不合南武中学的一贯传统，便下令男生一律改为短发“陆军装”。一些学生不理解何校长的爱国情怀，有的受到别有用心的人挑唆，带头罢课，要何校长下台。何剑吴忍无可忍，遂辞别南武中学，留诗一首，悄然离去。诗中有“燕雀焉知侬去去，桃李待发惜迟迟。海幢风雨怀前度，长剑摩挲叹五噫”之句，表达了自己的情怀。

陈　复

陈复（1907—1932），南武中学早期学生，1923年投身于工人运动。1925年与廖承志等被送往苏联留学，同年加入中国共产党，毕业后回国继续投身于工人运动，在艰苦环境下积极参加地下工作活动，曾任中共广州市委宣传部长，1932年8月10日被国民党反动派逮捕，当晚11时慷慨就义，年仅25岁。现江南大道中路东街内建有思复亭、哭子碑和陈复烈士塑像以表纪念及供后人瞻仰。

黄埔军校

简　史

1924年，在国共两党首度携手合作之际，6月16日，孙中山本着为国民革命训练军官的目的，于广州黄埔长洲岛正式创建中国国民党陆军军官学校，通称黄埔军校，由蒋介石任校长。1927年，黄埔军校迁校至武汉，宁汉合流后，又迁校至南京。1931年3月，黄埔军校改名为中央陆军军官学校。1937年8月，因全面抗日战争迁出南京。1938年11月，黄埔军校迁抵成都。1946年1月，黄埔军校改名为中华民国陆军军官学校。黄埔军校为国共两党培养了大批军事人才，是中国最负盛名的军事院校。

训　规

校训

亲爱精诚

“亲爱”是要所有的革命同志能“相亲相爱”，“精”是“精益求精”，“诚”是“诚心诚意”。孙中山先生衷心希望借黄埔军校培训中国革命军事人才和通过黄埔军校师生为纽带，团结国共两党共同革命。

学生公约：身为陆军军官学校学生，坚持不说谎、不欺骗、不偷窃的荣

黄埔军校遗址

黄埔军校师生

誉信条，也不纵容他人违反；立志成为允文允武、术德兼备的军事领导人才；具备领导管理、解决问题、语文沟通及持续学习四大能力；信守国家、责任、荣誉、牺牲、团结、勇气、自信的核心价值；发挥“亲爱精诚”校训；确定“我是最好的”认知；贯彻尊师重道、存诚务实的要求。

故事

黄埔学生军平定商团叛乱

1924年，孙中山准备再次北伐。商团与革命政府的矛盾日益尖锐。商团设立了自己的武装组织——武装商团军，陈廉伯自任总司令。陈是一个英国籍的汇丰银行支行的买办，向来仇视革命。陈加快通过汇丰银行走私预订军火的进程。1924年8月10日，运载共计9841支枪、337

名人

胡宗南

胡宗南（1896—1962），字寿山，原名胡琴斋，汉族，浙江镇海人。黄埔军校第一期毕业生，号称“天子门生第一人”，是蒋介石最宠爱、最重要的军事将领，其一生历经黄埔建军、东征、北伐、内战、“剿共”、抗日战争，直到1947年指挥进攻占领中国共产党的革命圣地延安，转战西北，官至第一战区司令长官、西安绥靖公署主任，成为手握几十万重兵、指挥几个兵团的二级上将与名震一时的“西北王”。1950年兵败后去台湾。

万多发子弹走私军火的货轮抵达广州，被国民政府全部扣押。陈于8月12日宣布罢市，要挟孙中山发还军火。他还与陈炯明勾结，准备进攻广州。为了给陈廉伯打气，英国驻广州总领事翟比南通告革命政府："如遇中国当局向城市开火时，英海军即以全力对待之。"对此，孙中山发表《为广州商团事件对外宣言》，并致电英国首相麦克唐纳提出严重抗议。陈廉伯再度下令全市总罢市，直到酿就"双十惨案"。

10月10日是辛亥革命纪念日，商团军向参加双十节游行、反对商团的民众开枪，发动了武装叛乱。14日，孙中山下令蒋介石指挥平定商团叛乱，各部悉数归蒋指挥。孙发电文给蒋"立即起义杀敌绝无反顾"。当夜，黄埔建校以来的第一仗正式打响。蒋介石率领黄埔学生及各军将商团分割包围，并施以火攻。日出时，革命政府军队攻占西关商团总部，商团军溃败。黄埔弟子军初显威力。16日，商团正式乞和，政府下令通缉陈廉伯等人。缴获的武器，被用于武装黄埔教导团。

礼山草堂

简　史

咸丰八年（1858年），清代著名学者、岭南一代宗师朱次琦，在广东南海九江乡南礼山下陈氏祖祠讲学，开启了数十年设教传道的生涯，后改名“礼山草堂”。二十余年间，礼山草堂为两广地区培养了众多优秀学生，其中最出众的，当属简朝亮、梁耀枢和康有为三人。

训　规

朱次琦为礼山草堂制定了“四行五学”的学统。“四行”即“敦行孝悌，崇尚名节，变化气质，检摄威仪”，是修身养性之道；“五学”即“经学、史学、掌故之学、性理之学、辞章之学”，是读书治学之道。

故　事

朱次琦与康有为

1876年乡试落榜后，康有为到礼山草堂拜读在朱次琦门下，从学两年。康有为在此之前，已经跟随过六七个老师，一向狂妄自大，但他对朱次琦却推崇有加。1908年，康有为撰写了《朱九江先生佚文序》，文中写道：“其行如碧霄青天，悬崖峭壁；其德如粹玉馨兰，琴瑟彝鼎；其学如海；其文如山；高远深博，雄健正直。盖国朝二百年来大贤巨儒，未之有比也。”将朱次琦比为开国200多年未有可比的巨儒，可见评价之高。但朱次琦毕竟久居深山，对外界新思想了解不多，而康有为却游历甚广，仰慕西学，因此康有为在礼山草堂也只待了两年。

名人

朱次琦

朱次琦（1807—1882），清代教育家、学者。世称九江先生。广东南海人。曾署孝义、襄陵知县，为官清廉。中年辞官归里后在南海九江设礼山草堂授徒。治学主明理达用、经世济民。康有为、简朝亮、梁耀枢均出其门下。被誉为“晚清岭南大儒”。

梁耀枢

梁耀枢（1832—1888）是朱次琦学生中科名最显著的一位。他跟随朱次琦时间比较长，成举人后仍留在朱次琦身边学习。他1862年中举，1871年登进士，为状元。他是广东最后一位状元，历任翰林院修撰、侍读学士、詹事府少詹事、湖北学政、山东学政等职。他为官谨敏，遗传下来的文字很少。

岭东同文学堂

简　史

始建于1899年，1901年由潮州迁今汕头市外马路103号，创始人是当时杰出的教育家、诗人和爱国志士丘逢甲。戊戌维新运动向旧的科举制度发起了猛烈冲击，废科举、兴新学一时成为时代潮流。丘逢甲从台湾内渡后，辗转潮汕几个旧式书院讲学，抨击时弊，倡导西学，遭到守旧势力的一再压迫打击，被迫出走。他认为“欲开民智张民权，非主张精神教育不为功”，于是与好友一起创办了岭东同文学堂，为汕头市新办学堂之始。岭东同文学堂培养了萧惠长、何天炯、何天翰、谢逸桥、姚雨平等时代人才。1915年，改为广东省立岭东甲种商业学校。新中国成立后，改为广东省立高级财经技术学校，现为汕头市外马路第三小学。

训　规

开办章程（丘逢甲作）

一、本学堂设于汕头埠，名曰岭东同文学堂。虽由潮中同志倡设，然同道之嘉应、惠州，邻境之漳州、汀州各属，自当不分畛域，以广造就。即各省府厅州县有志之士，均可查照章程，入堂肄业。

二、本学堂以昌明孔子之教为主义。读经读史，学习文义，均有课程，务期造就圣贤有用之学。

三、本学堂以中学为主，西学辅之，学其有用之学，非学其教也。然西文非十年不能通，非由幼年入学，不能有成，东文则一年即可成就，中年以

岭东同文学堂

上之人皆可学习。西人有用之书，东人皆已译之，能读东文，即不啻能读西文也。本学堂拟先聘中文、东文教习，以期速成，至学堂经费稍充，始聘西文教习。

四、本学堂学生分两班，其愿由普通学以至专门高等者，以二十岁为断；其止习东文以为读译本书之用者，则不限年岁。

五、本学堂拟聘中国品学兼优之士一人，为中文教习。聘日本品学兼优之士二人，为东文教习。西文教习，俟后再定。

六、本学堂既未购地建造，先租用汕埠高爽明通房屋，作为学堂。其租价及置堂中器用，先由同人筹捐。

七、本学堂为广开风气起见，修金格外从廉。计学生一人，每年收修金三十元、伙食三十元，共六十元。

八、来学生徒，以志趣远大为主，如性情浮滑、立心卑贱者，概不收纳。入堂后有不遵教规，酗酒、嗜烟，告诫不听者，即行辞退。

九、本学堂课程，应俟开堂后由教习编定，公酌议行，现未列明。

十、本学堂分班教授，而学生外另设一班，曰讲习班。凡未为学生，而愿与本学堂相切磋者，均可先行挂号，时到堂中研究一切。

十一、有好义之士，慨愿捐资，及送有用书籍入本学堂者，本学堂均乐收受。

名人

何天炯

何天炯（1877—1925），字晓柳，兴宁石马镇新群村客家人。中国国民党元老、民主革命先驱。早年毕业于岭东同文学堂，1903 年东渡日本留学，先后结识了孙中山、黄兴、秋瑾、章太炎、廖仲恺、朱执信、汪精卫、胡汉民等人。同盟会创办时任第一任会计，后调任同盟会广东支部长，1911 年参加黄花岗起义。1921 年，孙中山在广州就任非常大总统时，何天炯为驻日全权代表。1925 年，孙中山在北京逝世，噩耗传来，何天炯悲痛万分，由于心力交瘁，遂病入膏肓，于同年 7 月逝世于广州博爱医院。

故事

岭东同文学堂不屈服于权贵

岭东同文学堂开办时，国家正处于内忧外患加剧的年代。孙中山提出的“驱除鞑虏，恢复中华，创立合众政府”主张，深入人心。岭东同文学堂与全国各地一样，积极起来反抗清廷。1907 年，驻汕的惠潮嘉道台沈传义，要往崎碌出巡，当行至同文学堂门口时，他停行下轿，步入学堂。时学监闻报，仓皇出迎，其他员生则继续上课。沈见迎接场面不热烈，脸色突变，斥责学堂上下如此目无长官，成何体统，不待分辩，拂手而去。第二天竟发来责令，谓该学监办事不善，着即撤职查办，其余失责教习，另候分别查处。师生闻讯十分气愤，联名上书两广总督岑春煊，提出沈到任三年，从未关心过学堂。此次突临，其时正在上课，仓率之间，何以列队欢迎，且学子志在求学，非专以迎送官长为事。岑知道那时潮流所趋，民愤难压。结果只能把上书为首的蔡卧鸿三位记过一次，其他人也就不了了之，斗争得到胜利。

姚雨平

姚雨平（1882—1974），原名士云，法名妙云。广东省梅州市平远县人。姚雨平就读于岭东同文学堂，早年参加中国同盟会，曾参与广州黄花岗起义的组织领导工作。辛亥革命时担任广东北伐军总司令，后参加讨袁护法运动、讨伐陈炯明的斗争。1925 年 3 月孙中山在北京逝世，姚雨平参加治丧工作，并护送孙中山灵柩到南京。到南京后，适逢微军老和尚在毗卢寺讲《金刚经》，姚雨平前往听经，遂发心皈依“三宝”，微军老和尚赐法名“妙云”。抗日战争胜利后，携家属往香港居住。新中国成立后曾任广东省人民政府参政室主任。

上社书院

简　史

上社书院创办于清同治十年（1871 年），由时任潮州镇总兵方耀创办于揭阳普宁，与昆冈书院、三都书院并称为普宁三大书院，并形成普宁书院东、西、北三足鼎立的格局。清末科举废除，上社书院改称为高等小学堂，民国后又改称上社学校、上社小学，1937 年到 1940 年，上社书院增设初中部，为区立梅峰中学分教处。后因经费不足，只保留高小部分。当时各乡的公学、私塾大多只办初小班，所以各乡有条件的学生，都以到上社书院读高小为荣。新中国建立后，上社书院一度废弃，1958 年恢复办学。1987 年 11 月起易名为“里湖镇第一小学”。

训　规

名人

方　耀

方耀（1834—1891年），又名方辉、方照轩，生于普宁县洪阳西村（今广东省普宁市洪阳镇）。出身行伍，以剿太平军发迹，官至广东水师提督。在广东，力行“屯田养兵”“民以教化”，先后重建了蓝田书院等多处书院，并倡建义学和乡学数十所。同治七年（1868年），任潮州镇总兵，同治十年（1871年），应地方文士所请，创办上社书院。

黄都上社书院碑记及章程（清同治年间作）

钦命提督军门南韶连总镇府调署潮州总镇府方、钦加按察使司衔署惠潮嘉兵备道加十级纪录十次吴、钦加布政司衔□□道特授潮州府正堂加十级纪录十次刘、钦加同知衔署普宁县正堂加十级纪录十次张为黄都上社书院碑记。窃谓人材之兴，先由激励；学校之设，首重栽培。黄都上社，山明水秀，应有奇杰挺生。乃拨公项五千元，特命鲤湖汛把戎方显同上社诸绅士，即于鲤湖购地建为书院，广立学舍，轮奂一新，诚善举也。除建院后，该存母银乙千八百馀元，置作租业，为每岁延师之费。凡邻近俊秀，均准肄业。唯司事同心经理，生童奋志诗书，步青云，振丹桂，为闾里光、邦家庆，均于上社有厚望焉。今将章程勒石，以便遵行。

上社书院章程：

一、社学之设，为造就人材起见，凡揭惠属乡与鲤湖近者，准同人院肄业也。

一、司事以上社生员科岁前三名同理，凡文帝诞辰，延师供给，每散馆后将数结清，贴堂查阅。及科岁场后，截期交代，不公者罚后永不与事，每人月交酬劳银叁钱。

一、社学师长，择品学兼优，由值年同乡绅酌聘，议明务欲讲改。不聘本社为师，以杜徇情之弊。每开学在正月内，散馆在腊月初。

一、肄业生童，每课列前三名者，司事以笔墨扇赏之，以昭激励。

一、书院重地，闲人不得混杂，不宿戏班，不许上墟人等寄放货物。游神赛社，宜在院外界石之内，不许擅置篷厂。

一、院丁一名，周年给粟十石，一切器用付管，失落责赔，公事奔超，违则革去。

一、乡试宾兴，查有馀银则送赴科，每人贰元，文武一体，无存则不必也。

一、所置租粟，该佃宜挑至院输纳，如故意顽抗者，佥名禀究。

柯　华

柯华（1915—　），原名林德常，出生于广东省普宁市里湖镇棋盘村，1922—1929年就读于上社小学。1935年，他考进了燕京大学，同年参加“一二·九”运动。1937年3月，柯华与其他9名同学组成“燕大学生延安参观团”到延安参观，受到了延安各界及毛泽东、朱德等接见。抗战爆发后，他到了山西临汾八路军总部工作。1949年5月，西安解放，柯华先后任中共西安市委常委兼宣传部长及西安市委副书记、文化部第一副部长等职。1954年，柯华被调到外交部，任新中国第一任礼宾司司长。此后在他近30年的外交工作中，柯华先后做过四任司长，担任过四国大使，经他谈判与我国建交的国家有四个。1988年，他被任命为第七届全国政协常委，1995年离休。

故　事

书院创办的传说

提起兴建上社书院由来，还有一段因缘须略为表述。据传，同治七年，方耀大人时任潮州镇总兵，总督瑞麟派他清办潮州积案。几年时间里，方大人惩办匪恶三千多人，期间也为清政府搜括税银三百万余元，搜缴炮械数千件。当时适逢钱坑与富美两个乡里发生纠纷，方大人正欲率兵清剿，不料有人提前泄露消息。当地乡绅经过紧张斡旋，最后风波平息，免除一场血雨腥风。然而，两个乡里还是被方大人罚了一大笔钱款。而重视教育的方耀大人，并没有把钱私入腰包，而是用它创建了上社书院。

现代篇

大学篇

中山大学

简　史

中山大学，简称“中大”，1924 年由孙中山先生创办，初称国立广东大学，1926 年改名国立中山大学，是中国南方科学研究、文化学术与人才培养的重镇。中山大学是教育部和广东省共建的全国重点大学，是国家首批“双一流”A 类重点建设高校，同时也是“珠峰计划”“111 计划”“卓越法律人才教育培养计划”“卓越医生教育培养计划”实施高校。中山大学已经成为一所国内一流、国际知名的现代综合性大学。

训 规

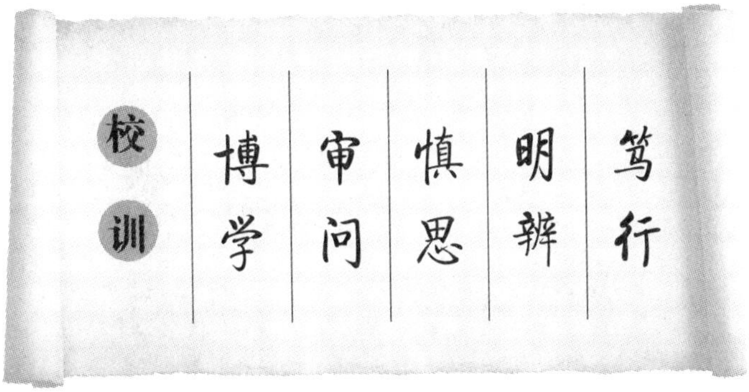

中山大学校训为孙中山先生于1924年11月11日在国立广东大学举行成立典礼时亲笔题写。校训词为“博学　审问　慎思　明辨　笃行”。十字训词原文出自儒家经书《礼记·中庸》。《中庸》第二十章说：“博学之，审问之，慎思之，明辨之，笃行之。”按《中庸》原意是指人具有“诚”之本性，只要按“至诚”之本性从事修身，透过学、问、思、辨、行五个环节，便可以把自己修养成“君子”。

明末清初，随着社会的变动，著名思想家顾炎武发展传统《中庸》思想，强调“博学而笃志，切问而近思”，即把做学问与立志结合起来，所以对“博学”做出新的阐述：“博学于文，行己有耻”。顾炎武

校训石

所指的“文”，已不是纯粹古代的经书文章，而是包括一切天下国家大事。他所指的“耻”，不是指个人荣辱，而是指全体人民的荣辱。博学指导思想从个人自身修养扩大到“当务之事”的社会大事，所以他做出学、问、思与立志的统一。

孙中山则处于民主革命的时代，为了革命的需要，他十分重视教育，造就一代振兴中华，再造文明的人才。十字训词是他继承传统的教育形式而赋予时代的、革命的、新的教育方针和内容。

名人

陈寅恪

陈寅恪（1890—1969），字鹤寿，江西修水人。中国现代最负盛名的历史学家，集古典文学研究家、语言学家、诗人于一身的百年难见的人物，与叶企孙、潘光旦、梅贻琦一起被列为清华大学百年历史上四大哲人，与吕思勉、陈垣、钱穆并称为“前辈史学四大家”。先后任职任教于清华大学、西南联大、广西大学、燕京大学、中山大学等。著有《隋唐制度渊源略论稿》《唐代政治史述论稿》《元白诗笺证稿》《金明馆丛稿》《柳如是别传》《寒柳堂记梦》等。晚年任教于中山大学，并在中山大学逝世。

故事

陈寅恪的“三不”

新中国成立后，陈寅恪来到了位于广州的岭南大学（后经院系调整，岭南大学康乐园校址成为中山大学校址），他在康乐园度过了最后20年。有一年开学，学生们到他的住所门前拜见。他问学生：“你们有没有人想考北大的？”学生静默，陈先生说：“你们不用去了，北大的（老师）都是我的学生。”陈寅恪在中大备受尊崇，他的寓所是最好的，薪金是最高的，20世纪50年代中期实行工资制评定工资等级时，他的工资是每个月381元，被人羡称“381高地”，在交通方面的待遇等同校长。陈寅恪提倡“但开风气不为师”，以“自由之思想，独立之精神”为学术底线，特别强调“脱心志于俗谛之桎梏，真理得以发扬”。宗师懿范，影响了一代代中大学子。传说陈寅恪有“三不”，“别人讲过的我不讲，书上有的我不讲，我讲过的不再讲”，这一“三不”典故一时传为佳话。

曾宪梓

曾宪梓（1934— ），汉族客家人，曾子后裔。1934年出生在广东省梅州市梅县区一个农民家庭，1961年中山大学毕业。现任金利来集团有限公司董事局主席、中华全国工商业联合会副主席。曾经在香港担任香港特区筹委会委员、港事顾问、香港中华总商会会长、贸易发展局理事等职，还是香港华侨华人总会永远名誉会长、新加坡南洋客家总会永远荣誉会长、香港佛教文化产业永远荣誉顾问、北京大学工商管理学院教授、广州中山大学生命科学院荣誉院长、广州中山大学名誉博士、美国爱荷华威思利恩大学政治学博士、暨南大学董事会副董事长、仲恺农业工程学院董事会名誉董事长。

华南理工大学

简　史

华南理工大学是教育部直属的全国重点大学，首批国家“双一流”A 类重点建设院校之一。组建于 1952 年，坐落在广州。历经 60 多年的建设和发展，华南理工大学已经成为以工见长的综合性研究型大学。化学、材料学等 8 个学科进入国际 ESI 全球排名前 1%，其中工程学、材料学、化学进入国际 ESI 全球排名前 1‰，在 2017 年“世界大学学术排名”中，学校综合排名位于世界大学排名 200—300 区间，工科排名全球第 22 名，学校稳居中国一流、世界知名大学行列。

训规

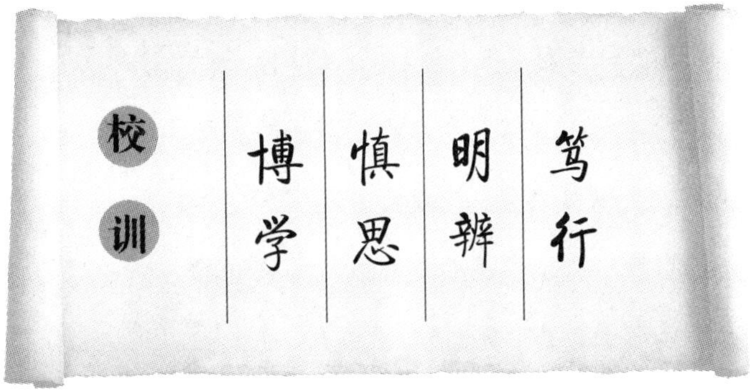

源自《礼记·中庸》中的“博学之，审问之，慎思之，明辨之，笃行之”，可以概括为“学”“思”“辩”“行”4个字，其概括含义就是广泛的学习，谨慎的思考，明确的辨别，坚定的实行。

华南理工大学的精神：“厚德尚学　自强不息　务实创新　追求卓越”内涵丰富，立意高远。既总结传承了学校的历史文脉和优良传统，又立足于时代精神和学校实际，涵盖了教育思想、科学精神、人文特征、时代特色等内容；上合华南理工人的理想目标和价值追求，下启学校的办学理念和办学特色。从逻辑结构来看，“厚德尚学”是治学为人之根本，“自强不息”是积极的人生态度和精神状态，“务实创新”是思想作风和实践勇气，“追求卓越”

校训石

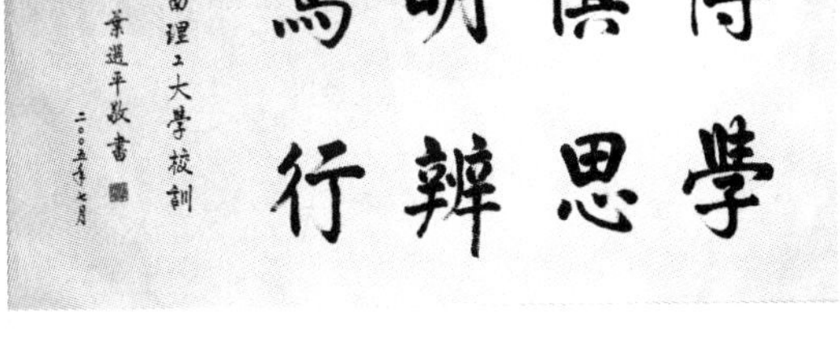

叶选平题写的校训

是发展动力和目标境界。四者既各自独立成意，又相互联系，浑然一体，产生凝聚人心、催人奋进、塑造和提升学校形象的强大合力。“厚德尚学　自强不息　务实创新　追求卓越”，将激励华南理工人以德立人，立德于学，修德积学，潜沉笃行，始终保持自强自立的坚韧品格和不懈拼搏的奋斗精神，一以贯之地弘扬求真务实之风，始终保持开拓创新的昂扬锐气，以卓越的办学成就和高远的人生理想为目标，阔步向前，奋斗不息！

故　事

冯秉铨上课时带着药品和干面包

1958年华南工学院电讯工程系重建后，身为教务长又是无线电专家的冯秉铨当仁不让地承担了教学的艰巨任务。从1958年到1963年，他一个人开设了12门专业课和专业基础课，高峰期间，每周上课时数达到27学时。

在长达五六年的时间里，人们总是看到冯秉铨从这个课室走到那个课室，从楼上走到楼下，不停地上课，教室外就可以听到他那明晰、亲切而又鼓舞人心的声音。冯秉铨尽可能把时间和上课地点排得紧凑些，哪怕能缩短100米、节约1分钟。他说：“时间太宝贵了，时间就是生命，时间就是胜利。”为了节省时间，他以前上课时本来只带

名人

罗明燏

罗明燏（1905—1987），一级教授，华南工学院首任院长。他是一名赤诚的爱国学者，毅然谢绝美国航空顾问委员会高薪挽留，归来报效祖国；他是一位传奇的“海陆空专家”，是出色的工程力学专家，在土木、航空、造船、机械等工程领域都具有极高的学术造诣，主持修复广州的珠江桥、南方大厦，主持和审查过大中型工程项目200余项；他更是一名杰出的教育家，以“办大学就要创一流”的办学理念，打造学校发展的高起点，为学校的发展奠定坚实基础。

一个轻便的棕色讲义夹，后来他改成了带一个黑色的手提包，这是为了放一些必需的药品和几块干面包。

保健室李美贞大夫经常向冯秉铨提出警告：“血压太高，要注意休息！”他每次总是当面点头满口答应，过后就忘得一干二净。有一次，他在教学楼走廊的拐角处突然感觉心慌头晕，不能动弹，面色苍白，汗流如注。学生们看见都惊慌了，他只是缓缓地摆摆手，含一片硝酸甘油，稍事休息，又坚持上课去了。

虽然教学任务极其繁重，冯秉铨却始终不改一丝不苟、认真负责的作风。他凡在一个新课室上课，必然会提前检视课室的大小、窗户的位置等。每次他都会提前在黑板的各个位置写板书，然后根据学生人数站在最后的位置观看能否看清楚板书，是否有反光，然后再决定板书的位置，避免写在反光处。

张 进

张进（1910—1985），著名教育家。1953年4月任华南工学院筹备委员会副主任委员，后任党委第一书记兼副院长、院长、顾问等职。他经历传奇，从曾经的地主少爷、文学青年成长为中共地下工作者、抗日战士，最终以教育兴国作为自己的终身使命。他曾在董必武主办的学校读书，在李先念的游击队和王震的部队工作和战斗，并参与组建华南工学院。作为“科研书记”，他常说：“必须保证教师六分之五的时间用于业务工作。”

冯秉铨的传奇还不止于此。在华工，只要是冯秉铨上的课，从来都是座无虚席。原华南理工大学501771班学生冯成光至今还记得当时的盛况：1977年，冯秉铨为新生上《无线电历史》，250个座位的特大课室里的走道里加满了座位，后面还站着密密麻麻的学生，甚至在教室旁边的草坪上都坐满了带调频收音机听课的人，而冯成光他们全年级加起来还不到200个学生。

冯秉铨大力主张培养青年教师和研究生，至1960年，在冯秉铨的带领下，电讯工程系从只能开设11门课程，发展到拥有7个专业、830多名学生和8个教研组50多位教师，开设44门课程的大系。

正因为有这样良好的开端和雄厚的根基，日后中国的彩电三巨头都出自华工的无线电系，就不让人觉得奇怪了。

冯秉铨

冯秉铨（1910—1980），一级教授，华南工学院第一任教务长，1973 年始任华南工学院副院长。他是我国著名教育家、电子学家，新中国无线电电子科学的奠基者之一；他高瞻远瞩的教育思想、广阔深邃的学术境界、踏实严谨的治学作风，感染了一代又一代的学校师生奋勇向前。1985 年，时任全国政协副主席、中国科协名誉主席周培源教授誉之为“士子楷模”。

暨南大学

简　史

暨南大学，简称“暨大”。光绪三十二年（1906 年）创办于南京，1923 年迁到上海，1949 年停办，1958 年在广州重办。“文革”中再次停办，1978 年恢复。是中国第一所由国家创办的华侨学府，是中央部属高校，直属国务院侨务办公室领导，被誉为“中国第一侨校”；是国家首批“双一流”世界一流学科建设高校，入选国家“111 计划”、“2011 计划”、教育部“卓越医生教育培养计划”、“卓越法律人才教育培养计划”、教育部人文社会科学重点研究基地、国家建设高水平大学公派研究生项目；是教育部、国侨办、广东省三方签约重点共建大学；是中国改革开放以来最早开展学位与研究生教育的高校之一。

训 规

校训

忠信笃敬

四个字的出处十分古老。《论语·卫灵公》记载说：孔子的学生子张问怎样才能使自己到处行得通。孔子回答："言忠信，行笃敬，虽蛮貊之邦，行矣。言不忠信，行不笃敬，虽州里，行乎哉?"翻译成现代汉语，即是说："言语忠诚老实，行为敦厚严肃，即使到了别的国家，也行得通。言语欺诈虚伪，行为轻浮狂妄，就是在本乡本土，难道行得通吗?"其内容包括了"言"和"行"两个方面，也就是一个人立身行事的全部内容。

"忠、信、笃、敬"是高度概括的抽象的道德观念，数千万历史文化的积淀，使它们大致具备了以下的意义内涵：

校训

忠：有忠诚、不贰、尽心、无私等意义。

信：有诚实、不欺、道义、真确等意义。

笃：有厚实、真诚、牢固、专一等意义。

敬：有恭敬、严肃、尊重、谨慎等意义。

这四个字的意义有交叉，也可以组合使用，更可以与别的字组成新的具有道德内涵的词语，变化很多，富于生成能力。

“忠、信、笃、敬”四字，除了继承其原有积极的道德含义以外，可以屏除其部分过时的内容，还应该注入新的时代精神和爱国主义与社会主义的内容。

名人

谭其骧

谭其骧（1911—1992），字季龙，浙江嘉善人，中国历史学家、历史地理学家，中国历史地理学科主要奠基人和开拓者。1927 年入暨南大学历史系学习，1932 年获燕京大学研究院硕士学位，1951 年加入九三学社，1980 年当选为中国科学院院士。主要著作有《长水集》《长水集续编》等。

故 事

马有恒一家与暨大

马有恒的父亲马万祺一直对暨南大学怀有深厚感情，1963 年进入暨大董事会，1978 年暨大复办后出任董事会副董事长，协助廖承志、荣毅仁的复校工作，积极推荐澳门热心教育的知名人士担任学校董事，联系发动暨大在澳门的董事支持学校建设。由于马万祺的推动，暨大成为澳门人才培养的重要基地，澳门共有 2 万多名暨大校友，八成传媒人、七成医生、四成金融界人士、一成高级公务员，都是暨南人。他们已成为一支重要的爱国力量。

1978 年 6 月，暨南大学复办并恢复董事会，马有恒的岳父荣毅仁接受国家任命，出任暨南大学董事会副董事长。1985年，荣老担任董事长。这段时期内，荣老为百废待兴的暨大，奔波辛劳：重建每个学科学院、聘请师资、筹集建校资金、透过亲属向海外推介暨大和积极向港澳地区招收学生等大量的工作，推动暨大再次腾飞，是暨大校史上不可或缺的人物。

作为马荣二老的亲人，马有恒深受两位长辈的影响，对母校有极深的感情。1992年至今，马有恒一直担任暨大校友总会会长。他还接过父亲马万祺、岳父荣毅仁手中的接力棒，担任董事会副董事长。

马有恒

马有恒（1944— ），为全国政协原副主席马万祺的儿子，1968年毕业于暨南大学经济系。现任建兴龙（澳门）企业有限公司董事长，新康恒集团有限公司董事长，湖北商会副会长，湖北海外联谊会副会长，香港湖北联谊会副理事长。曾先后担任中华海外联谊会常务理事，澳门中华总商会常务会董事，澳门田径总会会长，中国澳门奥林匹克委员会副主席，澳门童军总会会长，暨南大学校友总会会长，澳门体育记者协会会长。

华南师范大学

简　史

1951年10月，经中南军政委员会教育部批复，中山大学师范学院、华南联合大学教育系并入原广东省文理学院，设立华南师范学院。1952年，南方大学俄语系、岭南大学教育系等并入。1970年，学校改称为广东师范学院，1977年，复名为华南师范学院。1982年，更名为华南师范大学。1996年，学校进入国家“211工程”重点建设大学行列。2015年，成为广东省人民政府和教育部共建高校，同年进入广东省高水平大学整体建设高校行列。2017年，入选国家首批“双一流”世界一流学科建设高校。

训　规

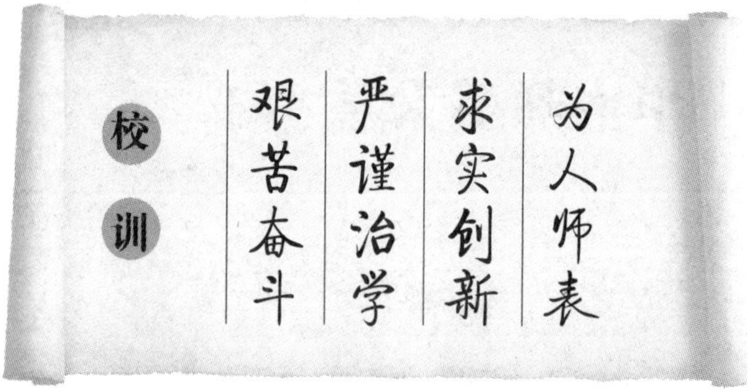

80 多年来，该校数易校名，几度迁徙，虽历经沧桑，却弦歌不辍。一代又一代华师人秉承勷勤大学师范学院“研究高深学术，养成社会之专门人才”的优良传统，承传南方大学“忠诚团结，朴实虚心，勤劳勇敢，实事求是”的革命精神，筚路蓝缕，薪火相传，共同铸就了学校今天的繁荣与发展。

叶选平题校训

名人

杜国庠

杜国庠（1889—1961），广东澄海人，马克思主义哲学家、历史学家。曾用杜守素、林伯修等笔名。早年留学日本，回国后曾执教于北京大学等校。参加发起组织中国社会科学家联盟，曾任左翼刊物《中国文化》主编。1935 年被捕，1936 年西安事变后出狱。此后主要研究中国思想史。新中国成立后，任中国科学院哲学社会科学部学部委员和中国科学院广州分院院长。他力图用马克思主义观点总结中国古代思想文化遗产，研究问题重视资料的占有、考证。主要著作有《杜国庠文集》、《中国思想通史》（和侯外庐等合编）。

故 事

王燕士治华师伙食

王燕士在20世纪50年代末到60年代末担任华南师范学院院长，他办事雷厉风行，不留情面。当时，师院食堂条件不好，很多东西供应不上，学生又来自四面八方，口味各异，所以，当时的膳食科是被王院长批评得最凶的科。有一次，学生反映学校没有肠粉，饭食单调。王燕士院长一听就立刻打电话给膳食科。“这样怎么行！这样我的学生怎么办，限你三天之内给我学做出来！”那时，接院长电话的人手都抖得不听使唤了。一天之内，王院长就打了好几次电话，还亲自跑到膳堂问了好几次。那时物资稀缺，师傅又不懂得做，做出来之后，院长自己还过来尝尝，觉得不过关，气得把眉头都皱了起来……他关心着师院的每一个学生，亲自跑到省有关部门要求把华师教工学生的粮食定量提高到和华南工学院同样的水平。可是，就当全校的师生吃住都有了大大改善的时候，王院长家里的两个小女孩却饿得连过了期的酵母片都偷偷拿来吃。“连药都敢吃，早晚把你们给吃出毛病来！”王妈妈这样训斥饥肠辘辘的女儿。可是，要知道，作为党员的王燕士院长，在粮食供应不足的情况下一个月还要减两公斤的粮食供应。王院长家

陈唯实

陈唯实（1913—1974），原名陈英光，又名陈励吾、陈悲吾。1913年出生于潮安县官塘乡。1927年就读于省立第二师范学校（韩山师范），1931年毕业后执教于澄海县永新乡小学。1934年赴北平，进北平图书馆自修哲学，一年中读了许多中外哲学书，被马克思主义的哲学所吸引。1952年任华南师院院长。

最富裕的就是保姆，一个月的粮食供应量比王院长还要多，家里的粮食有时候还是保姆接济的。他家客厅里唯一的一套组织分配的沙发，里头的弹簧都蹦了出来。

广东外语外贸大学

简　史

广州外国语学院成立于1965年，是教育部直属的三所著名外国语大学之一。广州对外贸易学院成立于1980年，是原国家外经贸部直属院校，为全国国际经济与贸易学科的创始单位之一。1995年6月，广州外国语学院和广州对外贸易学院合并组建广东外语外贸大学。2008年10月，广东财经职业学院划入广东外语外贸大学。广东外语外贸大学现已建成文学、经济学、管理学、法学、理学、工学、教育学和艺术学八大学科门类协调发展的多学科格局。目前开设20个外语语种，外国语言文学一级学科排名全省高校第一、全国高校排名第五，其中，外国语言学及应用语言学、翻译学学科整体水平全国领先。

训 规

校训

学贯中西
明德尚行

“明德尚行”：意即“追求美德与至善，推崇行动与实践”。古代周人便有了“明德慎罚”的观念。《大学》一开篇就提出“大学之道，在明明德，在新民，在止于至善”。朱熹在注释中把这三者称为“大学之纲领也”，同时

校训石

名人

王辉耀

王辉耀，博士，教授，博导，国务院参事，中国与全球化智库（CCG）理事长兼主任，西南财经大学发展研究院院长。广外1977级英美文学专业本科毕业，在加拿大温莎大学、西安大略大学和英国曼彻斯特大学商学院攻读研究生，获工商管理硕士（MBA）学位和国际管理博士（PhD）学位，曾在美国哈佛大学商学院进修，在美国布鲁金斯学会担任访问研究员。曾担任国家经贸部官员，中组部国际人才竞争战略专题组组长，国家中长期人才发展规划纲要起草组专家等。

也是理想人格实践的纲领。其中“明德”的意思是说：让人们本应有的美德得以表明。北宋易学大家邵雍提出：“尚行，则笃实之风行焉；尚言，则诡谲之风行焉。……是知言之于口，不若行之于身。”极力推崇行动与实践，反对空谈和胡吹。

“学贯中西”：指的是在学习、教学、学术等方面要具备跨文化视野和通才意识，校训中“学贯中西”除包含此习见用法外，还具有“熔铸中外文化，构建新型文明”的特定内涵。“西”在此不独指“西方”，而是泛指与“中”相对的“外”即“外国文化”。

“明德尚行，学贯中西”八字，文辞典雅，言简意赅，集中体现了学校的优良传统和办学特色，概括性地传达了学校对全体师生的训诫。

故　事

广外优良的学习传统

王辉耀是广外1977年的校友，据其回忆，广外在学习方面有着良好的传统，校风严正。而1977级的入校更是注入了一股强大的生机和活力。由于“文革”十年整整积压了一代人，1977级中很多学生早已不再年轻，不少人已工作五年，甚至十年以上。但不管每个人的经历或背景如何，大家都十分珍惜这来之不易的学习机会；再加上学校以前在“文革”期间一直不能大张旗鼓、名正言顺地抓教学质量，现在终于到了“矫枉必须过正”的时候，正所谓“往者不可谏，来者犹可追”，于是大家学习都十分拼命，你追我赶，谁也不愿意落后。你6点起床，我就5点半起床；别人11点睡觉，我就12点就寝。那时，学校教室也不熄灯，学生读书到晚上一两点钟是经常的事。广州夏天的蚊子特别厉害，怕蚊子咬，只好穿上厚厚的牛仔裤，浑身大汗淋漓，仍然苦读不止。

邱举良

邱举良（1952— ），广东省梅州人，高级翻译员。广外1972级法语校友、中国科学院国际合作局原副局长，现任中国驻法国大使馆科技处一等秘书，他在2012年荣获法国荣誉军团骑士勋章，以表彰他为中法科技合作作出的杰出贡献。

广州大学

简　史

广州大学始创于1927年3月3日。1928年，在天香街增设附属中学。1937年，奉教育部批准附设计政训练班，聘该大学教授黄文衮硕士为班主任，为华南各大学开展“职业教育”之最。全面抗战期间，广州大学先后迁设于开平、台山、香港等地。抗战胜利后广州大学复员广州，在东横街原址复课。1951年初，广州大学与市内的国民大学、文化大学、珠海大学、岭南大学、广州法学院、南方商业专科学校合并改组为华南联合大学。1983年筹建新的广州大学。广州大学是广东省和广州市重点建设的综合性大学，教育部、财政部“国培计划”9所实施高校之一，全国首批12所“CDIO工程教育模式改革研究与实践”试点高校。

训　规

校训

博学笃行　与时俱进

今天的广州大学正站在新的起点上，学校将紧紧围绕“立德树人”根本任务，坚持“三个面向”，深度实施与广州发展的“三个对接”，以解放思想、改革创新为动力，着力推进内涵建设、特色发展和创新引领，全面推进高水平大学建设，全面加强党的建设，为建设成为与广州城市发展深度融合，与广州城市地位相得益彰，具有学科、城市区域和国际化特色的知名的高水平大学而努力奋斗！

校训

故事

名人

陈炳权赴美筹集办学资金

司徒美堂

司徒美堂（1868—1955），原名司徒羡意，字基赞，广东开平人。著名旅美侨领，中国洪门致公党创始人。1882年3月赴美谋生，加入洪门致公堂。富兰克林·罗斯福任总统前，在该堂当法律顾问。1904年，孙中山赴美活动，两人建立了深厚的友谊。其后，司徒美堂多次发动筹款，支持国内的革命。为支持抗日，司徒美堂发起成立纽约华侨抗日救国筹饷总会。1948年，司徒美堂公开声明拥护中国共产党及召开新政治协商会议、组建人民民主政府的主张。新中国成立后，曾担任广州大学董事会董事，积极推动广州大学的改革和发展。1955年，司徒美堂病逝于北京。

1945年，陈炳权在美国结束战时经济考察工作后，走遍美国48个州，为广州大学募捐基金，获得美国波士顿、纽约、罗斯福等30多所大学赠给广州大学免费学额数十名，捐赠图书8万多册，仪器一大批。又向美洲华侨募得122,328美元，作为兴建校舍之用。兴建崭新建筑物如华侨堂、文化堂、全美至孝笃亲纪念堂、理工实验场、图书馆等，并进一步增加设备，开拓业务。1948年8月，陈炳权由美归来，重掌广州大学，先后选派梁国材、劳洁灵等30多人赴美免费留学。1949年10月，陈炳权与谭维汉赴香港，筹设分校。同年10月14日广州解放，全市欢腾，广州大学立即进行复课和开展庆祝解放活动。同年12月，陈炳权偕同谭维汉等人，携带账册和款项由港返穗。陈抵校以后，先将带回来的数万元港币清发全校教职员工工资，随即公布华侨捐款和广州大学历年收支账目，又派人将广州解放前夕疏散往香港各大中学的10万册图书和教学仪器、乐器等全部物资，满载一个火车车厢悉数运回广州。当时主持香港分校的黄毅芸拒绝交出物资，后经陈一再亲笔函请在港校董协助，终于把上述的图书等物运回广州。1950年初，陈因病离穗赴港就医，旋侨居美国。

陈炳权

陈炳权（1895—?），字公达，广州大学创办人之一，广东省台山市人。1919年赴美国留学，1924年5月在美国哥伦比亚大学获得经济学硕士学位。回国后，历任财政部、实业部统计处统计长，后任广东大学（中山大学前身）教授，主讲统计、会计、银行等课程。翌年，升任商学系主任。他还先后在广东课吏馆、广东法官学校、农民讲习所兼任统计学和群众心理学教员。1925年，他在广东大学筹办夜校，来者甚众。然而半年以后，他却迫于校方压力解散夜校，为了安置失学青年，他用借来的500银元，创办了私立广州大学。

深圳大学

简　史

深圳大学1983年经国家教育部批准设立。建校34年，深圳大学紧随特区，锐意改革、快速发展已经成为一所学科齐全、设施完善、师资优良、管理规范的综合性大学。深圳大学现有后海、西丽两个校区，校园总面积2.72平方公里。在职硕士研究生1300人，成人教育学生18720人，留学生811人。学校学科门类齐全、综合性强，涵盖哲学、文学、经济学、法学、教育学、理学、工学、管理学、医学、历史学、艺术学等11个学科门类。

训 规

校训

自立 自律 自强

“自立”，强调“独立”，就是要依靠自己独立面对人生。自立是一个人立身的根本，无论家庭条件和个人能力如何，只有站上这个起跑线，才能真正依靠自己，开始与众不同的人生。

“自律”，强调自我约束、自我管理，自己承担行为的责任。自律是一个人内心的道德准则和行为尺度，自律才能在面对各种诱惑时保持良好的心态，做出正确的选择。

“自强”，强调自我发展、自我实现。自强是走向成功的信念，从谋生存到谋发展，追随兴趣的脚步，为理想而奋斗。一个人只有自立、自律、自强，才能成为一个成熟的人、一个正直的人、一个有所作为的人。如果每个人都能竭尽全力，自我完善，实现自我价值，就能为家庭、为社会作出更大的贡献。

校训

凭着“三自”精神，特区人在刚刚开放的边陲渔村、在杂草丛生的荔枝林里，建立了一所全新的大学深圳大学，并且吸引了一批批优秀青年加入。深圳大学支持学生自办银行、邮局、洗衣厂，鼓励学生半工半读、经济独立；深圳大学支持学生组建自律委员会，鼓励学生自我管理。深圳大学将象征着“脚踏实地、自强不息”的大脚丫，镌刻在了校名背后的墙上。从那时起，“三自”精神一直铭刻在深大的历史中，也铭记在深大人的集体记忆里，它影响了一代又一代深大学子，激励他们不畏艰难、奋力创业，追逐自己的梦想，建立属于自己的事业。

深圳大学拥有阳光的校风，打造“志愿者之校”。深圳大学义工联合会成立已有 21 年，目前共有在校义工 6000 余人，全校共有超过 200 名义工获得“五星级义工”荣誉称号。以“立足深圳、面向国际的高水平、有特色、现代化一流大学”为办学定位，不断优化深圳大学校风。

深圳大学拥有向上的学风，创新创业特色鲜明。完善分层分类育人体系，建立六种类型共 30 个创新班、特色班，建设“创新研究短课”110 门。先后被评为全国、广东和深圳市大学生创新创业教育示范学校。以“培养高素质创新创业人才，引领社会进步与发展”为办学己任，不断优化深圳大学学风。

深圳大学拥有严谨的教风，担负教书育人使命。出台并落实《深圳大学教师职业守则（试行）》，建立健全《深圳大学师生会制度》，建立师生工作室、名师工作坊。以“有教无类、因材施教、厚积薄发、经世致用”为办学理念，不断优化深圳大学教风。

名人

马化腾

马化腾（1971— ），腾讯主要创办人之一、董事会主席兼首席执行官，全国青联副主席，深圳大学校友会名誉会长。1989 年就读于深圳大学计算机专业。1993 年进入深圳润迅通讯发展有限公司。1998 年和大学同学张志东创办腾讯计算机系统有限公司。1999 年推出第一个即时通信软件——“腾讯 QQ”，迅速成长为千亿美金市值，亚洲最大、世界前十的互联网公司，QQ 月活跃用户超过 8 亿，微信月活跃用户超过 6.5 亿，集团已有七大事业群，控股、投资的“腾讯系”公司更是数量众多，遍布各个行业领域，其中不乏百亿美金估值的未来巨头和 10 亿美元的独角兽。马化腾名列《财富》2015“中国最具影响力的 50 位商界领袖”排行榜第二位。

故事

荔园情怀—有情有义

有情有义是荔园（深圳大学）的一种情怀。

大学不仅是学业的成长所，更是人生的里程碑。我们在此获取新知、优化知识结构、锤炼思维方式、培养创新能力。更重要的是以成年人的方式，与师长、同窗、朋友相处，从而实现人格的自我成长与完善。这段时光滋养的情义弥足珍贵，往往令人一生回味。

2015年11月26日，那天是西方的感恩节，许多深圳人都在调侃终于入冬成功。在这个寒冷的日子里，一个有关深大校友的互联网公益项目温暖了城市的冬天。法学院2002级校友王晓蕾，她的孩子身患细胞瘤，危在旦夕，高达百万的手术费用让她束手无策、心急如焚。很快，这个项目上线腾讯公益，由法学院2002级校友首倡，深大人的朋友圈、微信群迅速呼应，短短8小时，过万校友捐助，百万善款募齐。这是科技的力量，更是深圳大学情义的光辉！

周海江

周海江（1966— ），全国工商联副主席，红豆集团党委书记、总裁，深圳大学校友会名誉会长。1984年就读于深圳大学工商管理专业。周海江2004年以绝对高票当选红豆集团总裁，成为民企海选总裁第一人。他促成集团从乡镇企业转型为跨服装、橡胶轮胎、地产、生物制药的大型现代化企业集团，服装销量居全国第一，橡胶轮胎跻身全国载重轮胎前五，红豆杉种植开发基地居全球最大，建在柬埔寨的11平方公里开发园区，受到中柬两国政府重视。他先后担任全国青联常委、全国工商联副主席等职，曾为《福布斯》封面人物，获得全球“卡内基卓越领导人奖”，当选中共十七大、十八大代表。

汕头大学

简　史

汕头大学，简称“汕大”，位于广东省汕头市，是1981年经国务院批准成立的广东省“211工程”重点建设综合性大学，教育部“卓越医生教育培养计划”试点高校，是教育部、广东省、李嘉诚基金会三方共建的省部共建大学，也是全球唯一一所由私人基金会——李嘉诚基金会持续资助的公立大学。汕头大学由叶剑英元帅亲题校名，著名经济学家许涤新担任首任校长。1983年，开始招收本科学生。1986年6月20日，邓小平同志在京会见李嘉诚先生时指出“汕头大学办得更加开放一些，逐步办成国家重点大学”。1993年，学校获得硕士学位授予权，开始研究生自主招生。1996年12月，通过国家“211工程”部门预审。

训规

校训

有志　有识　有恒　有为

曾国藩曾说："士人第一要有志，第二要有识，第三要有恒，有志则断不甘为下流，有识则知学问无尽，不敢以一得自足，有恒则断无不成之事。"汕头大学校训训勉广大学子，要有明确的志向和坚强的意志，历练知识和智慧，持之以恒，做有为之人。

真理钟

名人

李嘉诚

李嘉诚（1928— ），现任长江和记实业有限公司及长江实业地产有限公司主席，香港开埠后第三任首富，美国著名财经杂志《财富》所选的全球25大最有影响力商界领袖之一，捐资在家乡建设了汕头大学。

故 事

李嘉诚与汕头大学

谈到潮汕的教育事业，有一个不得不提到的人物便是香港知名人士李嘉诚。1980年汕大筹办初期，中央、省、市在潮汕地区兴办一所大学的想法与李嘉诚先生不谋而合，李嘉诚欣然应诺，不仅为汕头大学基础建设捐出巨资，而且专门在香港成立汕大工作小组，对汕头大学筹建工作亲力亲为。李嘉诚在这一时期发表了《我对汕大的期望》一文，提出汕头大学的目标："要办好汕大，一定要脚踏实地，放眼世界，而不可闭门造车，自以为是，固步自封"，"要使汕大成为具国际标准的高水平大学"。李嘉诚期望，汕头大学不仅要办成国内的重点大学，更要成为一所在国际上有影响的大学。

李嘉诚把办好汕头大学当作自己一生中最重要的事业之一，30多年来，已先后为汕头大学捐资港元30亿元以上，有力地促进了汕头大学的建设与发展。不仅如此，李嘉诚还为汕头大学的建设和发展付出了大量的心血，充分显示出造福桑梓的高尚情怀和重视国家教育的坚定信念。

方广宏

方广宏（1963— ），1984年入汕头大学外语系英语专业学习，2002年，创建并管理白云山中药厂（广州白云山和记黄埔中药有限公司），曾任广州白云山和记黄埔中药有限公司副总经理，现任广州王老吉药业股份有限公司总裁。荣获2012年度"广东省优秀企业家"称号、2012年度"广东省食品行业优秀企业家"荣誉、2012年度"广东省医药行业优秀企业家"称号。

东莞理工学院

简　史

东莞理工学院是广东东莞市的第一所普通本科院校，省市共建，以市为主，由诺贝尔物理学奖获得者杨振宁博士任名誉校长。学校于1990年筹办。1992年4月，经原国家教委批准成立。2002年3月，经教育部批准变更为本科全日制普通高等院校。2006年5月，获批成为学士学位授予单位。2008年5月，提前参加教育部本科教学工作水平评估并以良好成绩通过。2015年9月被广东省确定为第一批省市共建高水平理工科大学建设单位。学校现有松山湖及莞城两个校区，共占地2210亩。学校建立了以工学为重点，管理学、文学、理学、经济学、法学、教育学、艺术学等多学科协调发展的学科专业体系。

训 规

校训

学而知不足

“学而知不足”语出《礼记·学记》，蕴含学无止境的进取精神、虚怀若谷的学习态度、教学相长的教育教学理念。学生学习、实践、钻研、成才的过程，教师传道、授业、解惑、研究的过程，广义上都是“学”的范畴。学而后知不足，知不足而后自省，而后自强、创新、追求卓越。

东莞理工学院强化师德师风建设，教师能严格遵守和自觉履行《高等学校教师职业道德规范》，把培养人才作为首要职责，把教学工作作为第一要务，以人格魅力和学识风范感染学生、善于与学生交流沟通，宽严相济，平等相待，相互学习，要求教师要有高度的情感投入，互尊互爱。

校训石

学校在教学过程中能鼓励学生培养独立思考、独立获取知识、运用知识解决分析问题的能力。学生拥有正

名人

张遐龄

张遐龄（1936— ），广东东莞人，1954年9月—1958年7月华南工学院成都电讯工程学院通信与电子技术专业本科毕业；1958年8月—1978年4月任职于成都电讯工程学院；1978年5月—1991年4月任职于华南理工大学；1992—2002年任第一任东莞理工学院院长。学院从1992年建院到2002年成功升格为本科院校的十年期间，张院长带领着学院的一群老师们在东莞这片土地上播种希望，见证了学院的成长。如今，学院走过了25年，张院长在任期间的十年也已成为学院的历史。

确的学习态度、踏实的学习风格、科学的学习方法，良好的学习习惯，成为高素质应用型人才。

故事

“学霸”宿舍

一个又一个考研成功的讯息出现在2013级化学工程与工艺卓越计划班7717宿舍微信群的时候，在屏幕外都可以感受到他们彼此间的高兴与激动。他们考前曾约定好谁考上了就请吃饭，当时还开玩笑说如果都上了岂不是有四顿饭吃，当理想成为现实的这一刻，接受了考研的洗礼后，他们的脸上都挂着灿烂的笑容，青春飞扬。对于他们来说这不仅是个人的努力，还得益于来自7717宿舍的每一位成员的互帮互助。他们分别是考上中山大学研究生的杨朔以及林顺蛟、天津理工大学研究生的钟凯凯、广东工业大学的李尧。

在备考期间，资源共享、思想交流让他们在考研的路上走得比别人更快更好。“其实我们四个人考研远远比一个人考研的优势要大，如果我们其中一个人找到一份好的资料，就会一起共享，那么四个人找到了不同的资料，我们共享之后就有四份资料。”林顺蛟说道。

宿舍是一个小集体，生活在集体中，大家都是相互影响的，在学习上有个共同的目标，便顺其自然地营造出浓厚的学习氛围。这四个人的你追我赶又是建立在相互竞争的对立面上，那就是他们在难题上的互相帮助，思想的火花总是与不同人的相互碰撞产生的。

既然选择了远方，便只顾风雨兼程；既然目标是地平线，留给世界的只能是背影；既然选择了考研，就要坚定内心不放弃。

苏卫东

苏卫东（1971— ），广东东莞人，毕业于东莞理工学院，苏卫东在东莞法院系统工作了19个年头，带着孩童时候的理想，带领着他的执法队伍，在公平与正义之间行走，战胜了一个又一个困难，解决了一件又一件的案件。他把“让天平永不倾斜”作为自己的座右铭，19年如一日，在法院体系得到了有口皆碑的赞誉。他个人曾四次荣立个人三等功，2000年被评为全省、全国“人民满意的好法官”和广东省“先进工作者”，2003年被最高人民法院评为“全国模范法官”；2004年被共青团广东省委员会授予“广东青年五四奖章”；2005年被国务院评为“全国先进工作者”。

五邑大学

简　史

五邑大学地处“中国第一侨乡”——广东省江门市，是珠江三角洲西岸唯一一所以工科为主的综合性大学。学校1985年建校，1990年成为学士学位授予单位，1993年开始接收外国留学生，1996年通过本科教学合格评估，1998年成为硕士学位授予单位，2008年教育部本科教学工作水平评估获得优秀等级。学校设有17个教学院（部），拥有工、理、经、管、文、法、艺术等7个学科门类，有70个本科专业（方向），硕士授权覆盖学校所有理工科专业，2017年成为广东省研究生推免高校之一。

训　规

校训

好学　多思　求实　创新

建校伊始，五邑大学提出了学校的校风：“刻苦好学、勤于思考、勇于实践、敢于创新”，在后来的发展中逐渐形成“好学、多思、求实、创新”的校训。希望学生们在校训的熏陶下，认真学习知识，勤于思考钻研，融会贯通，在实践中检验真知，并培养创新意识，大胆创新，努力成为知识、能力、素质协调发展的高素质应用型人才。

作为地方大学，五邑大学自建校以来，党委就明确提出“面向地方、服务社会”的办学方针，将办学质量和满足地方经济社会发展的需要融为一体，坚持从严治校、从严治教、从严治学，重视教学质量，奠定了良好的校风

五邑大学北门全景

基础。

当前，在学校加快推进高水平工科大学的建设过程中，学风建设问题更被作为一项战略性的基础工程来抓，作为推动落实创建工作的切入点和重要抓手来抓，不仅有学校层面的政策推动，而且强化学院学风建设的主体意识，强化各职能部门的密切配合，强化全体师生的自觉参与，着重倡导从教治学的学风，培养学以致用的良好学风。

名人

叶家康

叶家康（1933— ），出生在广东中山，广东顺德籍人，1956年毕业于北京航空学院飞机系，曾任北京航空学院党委常委、副院长。1985年3月，任五邑大学首任校长，1998年退休后担任学校名誉校长。在任13年，带领五邑大学初步走出了一条中心城市办大学的成功之路。叶家康坚持从严治校，学校的教学质量和办学效益不断提高，他还非常重视学生综合素质的提高，特别强调能力的培养；并注重加强教师队伍的建设。实践证明，叶家康的办学思想和办学方针是正确的，并为中心城市办大学探索和积累了一整套可供借鉴的经验，走出了一条有中国地方特色、侨乡特色的中心城市办大学的成功之路。

故事

应用物理与材料学院教风、学风氛围浓

节假日里的五邑大学应用物理与材料学院，不少教师办公室和实验室的大门总是开着的，不少师生在实验室里忙碌着，这似乎成为该学院一道独特的风景线。应用物理与材料学院有一个传统，即老师们会主动从本科生中“招兵买马”成立各类型的课外科技活动小组，指导学生开展丰富多彩的科学研究、科技竞赛、科技项目等活动，尤其到了寒暑假，这种学习研究的气氛更为浓烈。2017年暑假，该院学生科技作品入围“挑战杯”国家总决赛，还有一组学生作品获“互联网+”大学生创业竞赛省铜奖。

据了解，应用物理与材料学院的教授、博士自发组成

一支学生课外科技活动小组指导教师团队，建立了教师团队协同指导学生课外科技实践活动的有效机制，并先后组建了20余个学生活动小组。课外科技活动小组每周定期举行实验结果与进展汇报会，提出存在的问题以及后续的研究计划等，由团队指导教师当场给出指导意见和建议。通过这种方式，各小组的同学不仅通过不同的课题研究加强学习和交流，拓展知识面，而且不同科研背景的老师能从多角度提出解决问题的办法，对于同学们开拓思路，解决问题，取得成果发挥了很好的作用。目前，参加课外科技活动的本科生超过了200人，学生参与发表的论文10余篇，其中大部分被EI或SCI收录，获得省级以上的科技竞赛奖10多项。

引导学生参与科研活动激发了学生的学习兴趣，形成了良好的教风、学风氛围，不少本科生选择考研深造，该学院学生的考研率、上线率、录取率连续数年在学校院系中名列前茅。该学院党总支书记表示：“应用物理与材料学院大门口的展板一直展示着考取全国各地著名高校硕士研究生们的风采，而且每年人数都在增加的。这更激励了一届又一届的学生在教师的关心和认真耐心地指导下，取得一批又一批科研成果。”

张国雄

张国雄（1955— ），江苏宜兴人，1992年毕业于武汉大学历史系，博士学位，1995年完成北京大学地理学博士后流动站的工作后，到五邑大学任教。曾任五邑大学党委宣传部部长、社科处处长、党委常委、副校长。2007年获“全国模范教师”称号；因对“开平碉楼与村落”申报广东第一个世界文化遗产作出的杰出贡献，2008年被广东省人民政府记一等功；2010年，被国务院授予“全国先进工作者”荣誉称号；2011年，成为江门市设立“侨乡杰出专家”后的首届唯一入选者。张国雄教授带领的五邑大学侨乡文化研究团队，为广东省“开平碉楼与村落”申报世界文化遗产、“侨批档案”申报世界记忆遗产作出了杰出贡献，还为“江门海上丝绸之路申报世界文化遗产”提供有力的学术支撑。

岭南师范学院

简　史

岭南师范学院是一所具有百年师范教育历史的广东省属普通本科院校，坐落在中国大陆最南端的美丽港城湛江市。学校设有18个二级学院，建有省优势重点学科2个、省特色重点学科4个，校级攀峰学科3个、优势学科6个、特色学科3个以及校院共建学科8个。现有本科专业62个（其中师范类专业32个），涵盖教、文、法、经、史、理、工、农、管、艺等10大学科门类；国家级特色专业2个（汉语言文学和化学）、省级特色专业6个。师范专业涵盖基础教育、职业教育、学前教育和特殊教育等培养类别，形成了门类齐全、培养培训一体化的完备的教师教育体系。学校面向全国15个省区招生，全日制在校本科生23000多人。

训规

校训

崇德　博雅　弘志　信勇

师范院校是教师的摇篮，教师最重要的是为人师表，为人师表的核心是教师能以高尚的品德成为学生的楷模。因而校训中把“崇德”放在首位。崇德，就是崇尚、重视道德，进而提高自己的道德品质；“博雅”，指的是既具

校门

有渊博的知识，又有着高雅的志趣，温文尔雅的风度；“弘志”，就是要恢宏大志，理想高远；“信勇”，指的是既有自信而又能诚信待人，且能勇于探索，敢为人先。

创建于1636年的雷阳书院是岭南师范学院百年立教的起始，岭南才子、雷阳书院老山长陈乔森撰写的楹联：“守道重醇儒，经师人师，文运宏开钦北斗；立名遵先哲，言教身教，士风不变式南邦”，彰显着这所学校的使命担当与文化自信。在110年的师范教育历史进程中，岭师人“经师人师、言教身教”，形成了“崇德厚道，弘扬学术，严谨治学，追求卓越”的校风，“以生为本，为人师表，锐意改革”的教风，“崇尚学术，严谨治学，追求卓越”的学风。

名人

谭平山

谭平山（1886—1956），广东高明人，1910年毕业于两广优级师范学校到岭南师范学院的前身雷州中学校任数学教员，1912年－1916年任校长。后考入北京大学，并于1920后毕业，是从岭南师院走出去的杰出的革命活动家。谭平山是中国共产党的早期领导人之一，广东共产党组织的创始人之一。曾任中共粤区委首任书记，中共第三、四、五届中央委员会委员。第一次国共合作时期，曾担任中国国民党党中央执行委员、中央组织部长。大革命失败后，参加领导南昌起义，任革命委员会主席。抗日战争时期，担任历届国民参政会参政员。建国后，任中央人民政府委员，人民监察委员会主任，全国人大常委，民革中央副主席。

故事

援藏良驹

西藏林芝是广东省对口支援的地方，岭南师院毕业生因为有着30年的援藏传统而被主流媒体誉为“援藏良驹”。1987年，毕业生龙家玘作为岭南师院志愿援藏的第一人。此后，岭师人前呼后继，先后有30名毕业生、校友志愿扎根西藏支教、委派援藏，占广东高校援藏毕业生的70%。毕业生志愿援藏的都是优秀毕业生，以他们的条件，完全可以在经济发达的珠三角地区找到一份好工作，但他们都有一颗共同的心："到西藏去，为西藏的建设贡献自己的力量，用心灵感受西藏的美丽。"

2009年，岭南师院与林芝广东实验学校签定对口帮扶协议书，建立了在西藏的教育实践基地。2013年，岭南师范学院和林芝地区教育局签订了《湛江师范学院与林芝地区教育局（体育局）合作协议书》，多批西藏林芝市教育管理者和校长培训在岭南师院开班。从2014年开始，岭南师院还选派了四批共53名优秀学生到西藏林芝地区开展为期半年到一年的支教实习，开启了岭师人援藏支教的又一新模式。2017年7月15日，广东省教育厅将岭南师院自发的援藏行为，提升为省教育厅主导，全省13所高校参与的政府援藏项目，与西藏林芝、昌都两市有关单位签订了共建大学生思想政治教育实践基地的协议。

劳承万

劳承万（1936— ），广东化州人，岭南师范学院中文系教授，广东省有突出贡献专家（1988年），享受政府特殊津贴。从教60多年，培养和影响了一大批人才，创造性地构建了"美学三论"，是我国著名学者。如今，83岁高龄的劳承万教授仍在潜心学术、教书育人，著有《审美中介论》《审美的文化选择》《诗性智慧》《朱光潜美学论纲》《美学文艺学逻辑体系探索》《康德美学论》（合著）等著作。他认为中国没有西方式的美学，只有天人一体、礼乐交融的"乐（lè）学"，没有西方概念的诗学，只有"以诗为教""以诗为经"，同时，著有《中国古代美学（乐学）形态论》《中国诗学道器论》，与早年所著的《审美中介论》，合称为"美学三论"。

广东石油化工学院

简史

广东石油化工学院1954年建校，位于广东省茂名市，是广东省人民政府与中国石油化工集团公司、中国石油天然气集团公司、中国海洋石油总公司共建的公办普通本科高校，华南地区唯一一所石油化工特色高校，教育部“卓越工程师教育培养计划”试点高校，广东省首批普通本科转型试点高校。占地约2020亩，开办九大学科门类48个本科专业。荣获“全国普通高校毕业生就业工作先进集体”“全国毕业生就业典型经验高校”“全国普通高等学校毕业生预征工作先进集体”“全国优秀志愿者组织”“全国关心下一代工作先进集体”“全国校园文化建设二等奖”等称号，荣获“广东省文明单位”等多个省级荣誉。

训　规

校训

崇德　博学　求实　创新

广东石油化工学院因油而生，为油奉献，缘油发展。其“崇德、博学、求实、创新”的校训，是广油人以德为先、立身报国的铿锵宣言。

崇德：《礼记·大学》：“大学之道，在明明德，在亲民，在止于至善。”德是人的品性，是人的核心价值观，是立足社会的根基。立德树人，教育之本。大学教育，应以德为上，以德为标，为学子导航一条践行大德的进路，培养

校训

塑造具有高尚道德情操的人才。

博学：《礼记·中庸》："博学之，审问之，慎思之，明辨之，笃行之。"古今文明、中外知识，浩若烟海，学子须有"海纳百川、兼容并包"的求学态度，才能掌握各类知识，择善而从；才能"独上高楼，望尽天涯路"，开阔眼界，拓展胸怀，在知识的崇山峻岭中独辟蹊径，走出自己的路。因之，博学是学子成才的必经之道。

求实：《广雅》："实，诚也。"即客观真实之意。求实，即是追寻客观实际，探究客观规律，求索自然和社会的真理。这既是为学之道，更是为人之道。求实不仅是一种思维方式，更是行为方式，须从实践中来，到实践中去，才能培养出既有追求真理的科学精神，又有求真务实态度的实践者。

创新：《礼记·大学》："苟日新，日日新，又日新。"创新，是更新改变原有事物或创造新事物。《易经·乾卦》："天行健，君子以自强不息。"自强不息须以创新为动力，因时而变，与时俱进。创新是中华民族的优秀文化传统，彰显了勇于开拓、敢为人先的民族精神。大学教育须培养具有创新精神、创新能力的人才，以保证我们的国家和民族自强不息、勇攀高峰、砥砺前行。

"崇德、博学、求实、创新"的校训，重德行，拓胸怀，务实践，促自强，形成培养完善人格和自我发展的人才教育体系，成为广东石油化工学院人才培养的指引。

名人

冉济川

冉济川（1921— ），河北省蠡县人，毕业于华北联大，是广东石油化工学院的创始人和功臣。联大毕业后留校任教育系助理、一部助理。1949 年参加创办南方大学财经学院工作。1954 年创办学校的前身华南工学院附设工农速成中学，任校长。1956 年为适应新中国石油工业发展对专业人才的需求，将学校创建为石油工业部广州石油学校，任校长。1960 年学校更名为中南石油学院，任副院长。1963 年学校再改名为广东石油学校，任校长及党委书记。1965 年带领学校师生员工力克重重困难，做到"迁人、迁物、迁思想"，并在"文革"中顶住压力，使学校完整保持下来，成为广东省第一所"文革"后恢复招生的学校。1975 年任茂名石油工业公司副经理、党委副书记，兼任广东石油学校、石油工业部广州外语培训中心党委书记。

故 事

因油而生　西迁创业　为油奉献

广东石油化工学院的前身华南工学院（现华南理工大学）附设工农速成中学于1954年在广州石牌创立。1956年1月为适应新中国石油工业发展对专业人才的需求，经国务院批准学校改建为“石油工业部广州石油学校”。

1965年，根据广东省人民委员会和石油部的决定，学校从广州迁往茂名。师生员工力克重重困难，做到“迁人、迁物、迁思想”，完成了艰辛的迁校工程。扎根粤西后，师生员工在荒原之上，削坡平洼，手推肩扛，建设学校，发展学校。1980年被评为国家重点中专，1985年升格为专科，2000年与茂名教育学院合并升格为本科。现为广东省人民政府与中石化、中石油、中海油等三大央企共建的本科高校，教育部“卓越工程师教育培养计划”试点高校，广东省首批普通本科转型试点高校。近年来，学校荣获“全国普通高校毕业生就业工作先进集体”“全国毕业生就业典型经验高校”“全国志愿服务先进集体”等10个国家级荣誉。

学校秉承“因油而生、为油奉献”办学理念和“艰苦奋斗、求实献身”校风，培养了10多万名毕业生，毕业生遍布全国各地石油化工行业企业和各级政府机关、科研院所、教育行业，为石油石化行业及地方经济社会发展作出了重要贡献。

中学篇

华南师范大学附属中学

简 史

华南师范大学附属中学是一所由广东省教育厅和华南师范大学双重领导的岭南名校，拥有一支以本科和研究生学历为主，以高级教师为骨干的高品质师资队伍。华附前身可追溯至1888年建立的广州格致书院。一百多年来，华附秉承以人为本，敢为人先的教育传统，人才辈出。学校构建以“因材施教”为核心的个别化、个性化教学管理模式，推进课程改革，现代教育技术深度介入常规教学。着力于培养拔尖创新型人才，办学成绩斐然。

训 规

校训

格物致知

进德修业

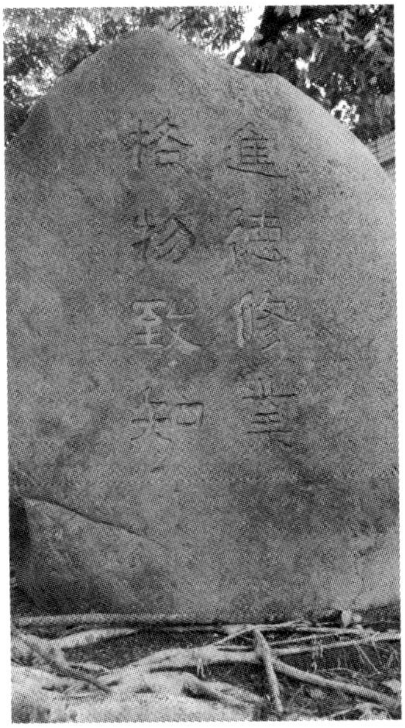

校训石

“进德修业”语出《易经》，体现了博大的民族精神和深厚的文化底蕴，它准确地反映了基础教育的主要特点，德智体美劳均衡发展，德是第一位。韩愈的《师说》曰：“师者，所以传道授业解惑也”，华附的教育，追求立德树人的基础上培养学生修业成才。“格物致知”源于《礼记·大学》，讲求推究事物的原理，从而获得知识。这可以追溯至本校的前身，1888 年建立的广州格致书院的校名本意，亦体现一百多年来华附重视人文素养，对科学精神孜孜以求，敢为人先，着力培养拔尖创新型人才，创办一流名校的睿智。

校风：尊师爱校　文明守纪　好学进取　立志成才

教风：勤　严　实　巧

学风：认真　刻苦　求实　创新

广州市执信中学

简　史

广州市执信中学是孙中山先生于1921年为纪念朱执信先生而亲手创办的一所纪念性学校，是广东省重点中学，国家级示范性普通高中。九十多年来，始终秉承“崇德瀹智”的校训，坚持“立德树人”的办学宗旨，致力培养“改造未来社会之人才”，培养了数以万计的优秀毕业生，杰出校友遍布世界。学校以“追寻完整的教育生活”为理念，建设多样化课程，满足学生全面发展、多元发展、特长发展的需求。教学质量高位稳定，90%以上的高中毕业生进入国内重点大学。

训 规

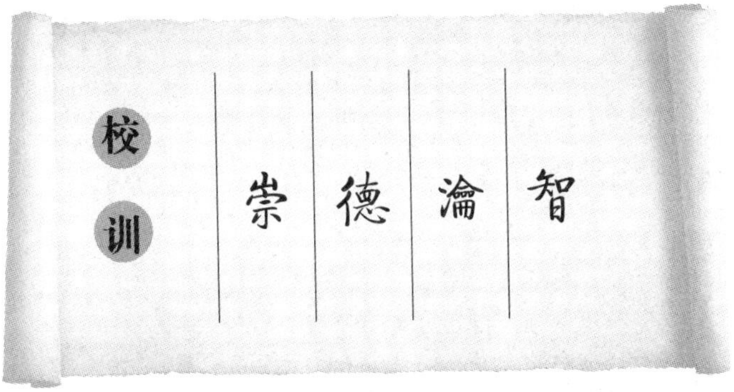

崇：尊重、推重。

德：品行、品格。

瀹：浸渍、疏通，亦通“治”。

智：通“知”，智能、知识。

“崇”与“瀹”为互体结构，意为崇尚、陶冶、培养、养成，“崇德瀹智”即追求美德广知，修养大德大智。

立德树人，乃学校之旨。百行德为首，德是立身之本。德，就是要有善良的品行，高尚的人格。学生之德，在于抱负远大，志向坚定；在于勤勉努力，锲而不舍；在于尊师亲朋，从善如流。

校训

求知育智，乃学校之功。人生处万类，知识最为贤。智，就在于说出真理，获取真理。学习之智，在于勃发兴趣. 求知不已；在于广纳博采，为我所用；在于创新求异，造福社群。

求学之道，在乎德智成长。明德先致其知，真知是通往美德的阶梯，而人的德行愈高，才智发展愈快，两者实为相辅相成。执信之义，尽在充实而有光辉，一如先生爱国为国之大德，先生才学才情之大智。

办学理念：还师生完整的教育生活，促进师生主动发展

执信人精神：执德至弘　信道至笃

教风：殚精求知　笃志力行　尚严善导　以身立教

学风：博闻强记　多思多问　取法乎上　持之以恒

珠海市实验中学

简　史

珠海市实验中学创办于2000年7月，2008年4月晋升为广东省国家级示范性普通高中，是珠海市近年迅速崛起的高起点、高目标、高质量的高级中学。先后荣获“广东省一级学校”“广东省民族团结进步模范集体”“广东省依法治校示范校”“全国青少年校园足球特色学校”“广东省中小学心理健康教育特色学校”等荣誉。学校坐落在金湾区西湖城区，是市属高中最美丽的学校之一。校园占地面积18.9万平方米，建筑面积7.5万平方米。2005年9月，学校开办内地新疆高中班，经过十二年探索与融合，在全国内高班中享有较高知名度，圆满完成了党和人民交给的任务。

训 规

校训

博学 博爱 至善 至美

博爱园

“博学”：指学问广博、精深，也就是“为学”之道。《礼记·中庸》：“博学之，审问之，慎思之，明辨之，笃行之。”言下之意，“为学”之道，首推“博学”。只有海纳百川，兼收并蓄，博采众长，方成有根之木、有源之水。

“博爱”：指对人类普遍的爱，指的是“为人”之道。《论语·学而》：“弟子入则孝，出则悌，谨而信，泛爱众而亲仁。”欧阳修：“大仁博爱而无私”。古人所说的“仁”，不仅指人们心里要想到他人，而且在行动上也要尊重他人、爱护他人；这种“爱心”不只是爱自己的亲属，而是由此作为起点去爱大众。但丁说：爱心是道德的种子。

“至善”：《礼记》中说：“大学之道，在明明德，在亲民，在止于至善。”

“至善”是中国儒家所认为的人的道德修养所能达到的最高境界。

“至美”：《论语》中说：“尽美矣，又尽善也。”尽善尽美，亦即“至善至美”，在这里，中国儒家把道德观与美学观统一起来，指的是人的道德修养与美学追求所能达到的最高境界。教育的目的就是培育具有“真善美”的人，以“至善至美”为核心的校园文化，就是要培养师生“心止于善，行止于美”。

校风：弘毅　诚信　勤朴　包容

学风：勤思善问　主动合作

教风：敬业务实　严谨高效

汕头市金山中学

简　史

汕头市金山中学（广东金山中学），前身为始建于1877年的潮州金山书院，1952年迁至现址。书院办学时期，筚路蓝缕，闻名岭南。民国、抗战时期，虽历尽艰辛，仍教学不辍，弦歌不断。新中国成立之初，即被人民政府确定为广东省重点中学，立足潮汕，辐射全省。改革开放以来，百年老校勃发青春，办学规模不断扩大，特色更加鲜明，成果更加显著，享誉海内外。现为广东省首批国家级示范性普通高中、广东省最著名高中之一。

训 规

校训

严谨 朴实 勤奋 进取

“严谨”就是严格要求，谦虚谨慎；“朴实”就是朴素无华，求真务实；“勤奋”就是勤教勤学，奋发有为；“进取”就是不断上进，夺取一流。这八字校训是百年金中的办学思想、治学风格和育人目标的高度概括与深刻表述，蕴含着丰富的文化内涵和人文精神，砥砺着一代代莘莘学子的人格品行。而一代又一代的金中人更是以不懈的努力实践并保持着这八字校训的真谛。

校训

学校以“创一流业绩，树一流品牌，建一流名校，育一流人才”为办学目标，弘扬“继往开来，勇攀高峰”的学校精神，充分贯彻“体验快乐、激发潜能、发展个性”的教学理念，开展以“生存教育、情感教育、创造教育、专能教育”为核心内容的特色教育实践，坚持走金中特色教育、教学、备考之路，形成良好的校风、学风、教风，把学生的全面发展与个性发展作为全部教育教学工作及其策划、实施的出发点与落脚点，最大限度发挥中学阶段，特别是高三学段备考对考生的教育功能，凸显“教育影响人”的育人本质。金中用三年，特别是高三一年的实际行动呼应了教育价值取向——追求全面发展，培养创造锐气；收获成绩，更收获成长。育德为本，能力为主，励志为要，升学为重，这些既是金中的工作目标，也是金中的工作策略。

佛山南海实验中学

简　史

南海实验中学创办于2001年，校园面积100.8亩，建筑面积55000多平方米，是一所民办实验类学校。学校环境优美，布局科学，运动设施完备，校内设体育馆、游泳池、标准的400米跑道和足球场。学校沉淀了丰富的文化底蕴，连续十五年夺得南海区中考冠军，为北大、清华、剑桥、哈佛等国内外顶级名校输送了大批人才。学校现为广东省一级学校、广东省首批德育示范学校、广东省首批文明校园、广东省书香校园、广东省青少年体育训练基地、全国心理健康教育特色学校等。

训　规

校训

修己安人

敏行日新

校训体现了我校继承和创新的统一。继承和创新是一所学校长足发展的不竭动力。“敏行日新”指的是一方面，鼓励师生在继承中勇于实践，敢于创新，突出学校重视培养师生的实践能力和创新精神；另一方面展示的是一种革新的姿态，驱动师生弃旧图新、弃恶扬善，在道德品质和精神人格上不断完善自己，思想永远随时代前进。“修己安人”是一种信仰，一种情怀，一种社会担当。但其前提又是朴素的，是始自于脚下的。修身养性、做好自我，就是起点。怀着乐观和积极的心态，让自己成为一个使他人快乐的人，让自己快乐的心成为阳光般的能源，去辐射他人，温暖他人，让家人朋友乃至于更广阔的社会，生活得更幸福、更和谐、更美好！以此作校训，体现了南实学生“以天下为己任”

校门

的人生价值观。

校风：博爱　自强　求实　创新

教风：敬业　精业　立业　享业

学风：知学　敏学　博学　乐学

韶关广东北江中学

简　史

广东北江中学创办于1939年，1953年经国务院批准，由省教育厅确定为广东省首批7所重点中学之一；2008年被省教育厅确定为首批“广东省国家级示范性普通高中”；2015年荣获“全国文明单位”称号。学校占地面积约17万平方米，建筑面积5.9万平方米，校园绿化率达99%。广东北江中学办学质量区域内一流。高考高分层人数、各批次上线率长期位列韶关市第一，且稳中有升；学科竞赛、艺体竞技成绩全市领先，省内有名；未成年人思想道德教育措施扎实，屡创品牌；毕业学子向来以素质高而受到国内名校青睐。

训 规

校训

公 诚 廉 毅

“公”，遵循孔子“有教无类”“教学相长”教育理念，构建师生和谐共融，校园兼容并包的“公平”“公正”的氛围；秉承国父孙中山先生的“天下为公”的理想，矢志追求教育兴国、教育强国的梦想。

“诚”，坚定正确的办学方向，依法治教，德育为先，做到诚信立校；树立科学的为人准则，悦纳自己，赞赏他人，实现真诚做人；形成用心的做事风格，激情投入，真心付出，追求诚挚做事。

“廉”，崇尚淡泊，甘贫乐道，清廉以明志；做好本分，专心致志，简廉以致远。

“毅”，宁静自信，荣辱不惊，沉毅而自适；百折不挠，自我磨练，坚毅而自强；志存高远，当仁不让，弘毅而自尊。

校风：全　实　严　勤

学风：明志　守礼　笃学　敦行

教风：敬业　爱生　善导　创新

校训

河源龙川县第一中学

简　史

龙川县第一中学创建于1913年，是广东省最早备案的公立中学之一，现为广东省一级学校、国家级示范性普通高中，曾被评为“全国学校体育卫生工作先进单位”“全国群众体育先进单位”“全国消防安全教育示范学校”“广东省先进基层党组织”“广东省文明单位”“广东省南粤校园模范基层党组织”等20多项省级以上荣誉称号，被誉为“河源教育的一块名片”“东江上游的教育明珠”，先后有近20位国家和省领导来校视察，均对学校所取得的成绩给予了高度评价。

训 规

“立学”：出自《礼记》：“凡始立学者，必释奠于先圣先师，及行事，必以币。”本意是“兴建学校”，后来引申为“努力学习”，比如宋朝欧阳修提出“立身以立学为先，立学以读书为本”思想。“立身”，也就是品行修养，安身立命，用现在的话来说，叫人格魅力形成，适应社会，协调各种复杂人际关系的能力养成，它是建立在“立学”的基础之上；而“立学”的根本方

校训

法就在于读书。校训选用“立学”，就是基于努力学习、静心读书考虑。

“正道”：“道”的概念是老子首先提出来的：“道生一，一生二，二生三，三生万物。”（《道德经》）天地万物都是由“道”生出来的，这就是一切的本源，是最高的准则，即终极真理。“道”在中国传统文化中的一般意义是“所有事物的正确运行规律”“正确的道理、准则”。“正”指正确认知之意。校训选用“正道”，就是强调正确认知知识、准则，明辨是非，追求真理。

“养德”：“德”的本意为顺应自然、社会和人类客观需要去做事，不违背自然规律去发展社会，提升自己。中国的文化传统，一直强调“德”的养成：《易经》最先提出“君子进德修业”“君子以厚德载物”，“德高”才能“望重”。并且提出了“养德”的一些方法和途径，比如诸葛亮提出“静以修身，俭以养德”。校训选用“养德”，就是强调修养德性、品行。

“至善”：出自《大学》开篇的第一句话：“大学之道，在明明德，在亲民，在止于至善”。朱熹据此概括为人进德修业的“三纲”，并衍推出“格物、致知、诚意、正心、修身、齐家、治国、平天下”等“八目”，这是实现“三纲”的具体步骤。“八目”的中心环节是修身，格物、致知是修身的外部途径，诚意、正心是修身的内在前提，齐家、治国、平天下是修身的更高一个层次的自我实现。校训选用“至善”，就是强调进德修业应该追求实现人生的最大价值，达到最高的人生境界。

校风：奋发有为

学风：谦虚好学

教风：为人师表

梅州广东梅县东山中学

简　史

广东梅县东山中学创建于1913年，是叶剑英元帅的母校，位于文化之乡梅州市中心区。学校于1978年被列为全国重点中学，2008年确认为首批“广东省国家级示范性普通高中”，并被授予“广东省普通高中教学水平优秀学校”称号。百余年来，学校以“勇俭爱诚”为校训，以实践型、激励型的办学特色和民主、活泼、开放、兼容、乐群的校园文化，培育了一大批有功于社会的栋梁之才。元帅叶剑英、中将萧向荣、原全国政协副主席叶选平、原广东省委书记林若、全国人大常委曾宪梓、中科院院士曾毅等就是东山学子的优秀代表。

训　规

校训

勇　俭　爱　诚

“勇”是指大无畏精神，包括“勇心”和“勇气”；“俭”是指当用则用，不当用者则不用，严格杜绝奢侈与浪费；“爱”是指人际之间的互助合作与团结友爱；“诚”则是指“内不欺己外不欺人”的精神。概括地讲，勇就是勇敢，俭就是俭朴，爱就是爱心，诚就是诚信。

学校以坚持“以人为本，努力培养合格人才”的办学理念，全面实施素质教育，形成了“严勤细实”的教风、“勤奋好学”的学风、“团结进取”的校风。

校训

惠州大亚湾第三中学

简 史

大亚湾第三中学创办于1994年，原名“西区一中”，2010年迁至现址，更名为“大亚湾第三中学”。学校现为惠州市唯一一所中学“广东省名班主任工作室”和“大亚湾中小学德育研究与指导中心”挂牌设点单位，荣获“惠州市文明校园”“依法治校校园”等称号。近五年中考成绩稳居大亚湾区榜首，德育科研氛围浓厚，成果丰硕，为积极创建特色鲜明的教育教学质量一流的现代化德育名校夯实基础。

训规

校训

志业 志学 共进 致远

老师们要有事业志向，立志做好本职工作，成就教育梦想；学生要有学业志向，立志学好知识本领，成就成人成才梦想；老师之间、师生之间要携手共进，一起努力，共同进步，不断进取，实现远大的理想。

校风：团结　共进

教风：敬业　精进

学风：好学　上进

校训

东莞市茶山中学

简 史

东莞市茶山中学始建于1958年11月，几经迁址，几经合并和撤并，现为东莞市茶山镇唯一公办初级中学。学校占地面积9.69万平方米。有37个教学班，在校学生1900余人，教职工130多人。学校师资力量雄厚，其中中学高级教师11人，中学一级教师92人，中高级职称教师占全校教职工80%以上。获硕士学位7人，本科以上学历率达94.4%。学校教育教学设施完善，有教辅室38间、图书9万余册、计算机500多台、ipad教学室、多功能录播室、VR实验室等各种先进功能室一应俱全。学校一直秉持“惜时、立志、明理、共进”校训，立德树人，近60年来，为东莞和茶山各界培养了数以万计的建设发展人才。

训　规

校训

惜时　立志　明理　共进

“惜时”作为学校的校训首要要求，它体现了学校对师生在读书教学过程中对时间观念的培养要求。为配合学生养成良好时间习惯，学校专门建有“时间广场”。一寸光阴一寸金，只有珍惜时间，才能在未来竞争中立于不败之地。

“立志”，则体现了学校对师生在人生追求上的要求。南宋哲学家朱熹说：“百学须先立志。”秉承先贤教诲，我们把“立志”作为校训。

校训

“明理”，体现了我们教书育人的目的。我们为什么教？就是要让学生明白事理，懂得为人处事。

“共进”，体现了学校对师生的一种期待：要与时俱进，懂得合作，追求共同进步和共赢。

校风：严谨　活泼　求精　进取

教风：敬业　爱生　务实　创新

学风：立志　勤奋　求实　开拓

中山纪念中学

简　史

广东省中山纪念中学始建于1934年，秉承伟大的民主革命先行者孙中山先生“谋建设，培人才，为富强根本”的遗愿而创办。早在二十世纪五十年代初，学校就被广东省教育厅定为广东省首批重点中学，1994年被评为广东省首批省一级学校。2006、2007年，学校均以全省最高分通过了广东省首批国家级示范性普通高中的初评和复评验收。中山纪念中学顺应世界教育发展潮流，全面推进教育国际化。以“中山精神”为引领，以“纪中文化”为内涵，文化育人，促进教师专业发展，提升学生核心素养，培养具有民族情怀、国际视野以及全球竞争力的高素质纪中人，办中国最好的中学。

训 规

校训

祖国高于一切　才华贡献人类

中山纪念中学校训采用两个短句，各自完整又互有关联。校训既饱含着孙中山先生对后人的期盼，更概括了孙中山先生一生的风范。毛泽东在《纪念孙中山先生》中是这样评论孙中山先生的：“他全心全意地为了改造中国而耗费了毕生的精力，真是鞠躬尽瘁，死而后已。”这是为“祖国高于一切”树起的典范。

中山纪念中学的校训，特别把“才华”二字凸显出来，秉承了孙中山“为国育才”遗训。孙中山先生曾说过：“革命的基础在高深的学问。学问为立国之本。”“应该从学问入手，拿学问救中国。”

“祖国，才华，贡献人类。”这是中山纪念中学校训传递的主题，也是对孙中山先生的纪念。

校风：诚信　知礼　高雅　和谐

学风：勤奋　求实　进取　创造

校训

江门市第一中学

简　史

江门市第一中学是一所有着87年办学历史的学校，它的前身是景贤书院，肇建于清乾隆二十五年（公元1760年），1928年扩办为市立中学，1952年定今名，有着悠久的办学历史，是五邑侨乡教育的一面旗帜。2005年9月，江门市人民政府将江门一中迁往新址，新校用地面积350亩。江门一中在师德风尚建设和教师素质培养方面的探索得到了学生、家长、社会和上级部门的认可，2006年被评为“全国师德建设先进集体”。在这支“师德高尚、业务精良”的教职工队伍的顽强拼搏下，江门一中历年高考中持续取得了骄人成绩。

训 规

校训

砺教笃学

明志崇德

“明志崇德”。“明志”语出诸葛亮的《诫子书》：“非淡泊无以明志，非宁静无以致远。”新世纪，我们更应该在时代大潮中明确自己的志向，树立远大的人生理想。放下荣辱，抛掉浮躁，从而实现自己的人生价值。“崇德”是华夏历代传承的民族精神。《易经》曰：“地势坤，君子以厚德载物”，意谓：大地的气势厚实和顺，君子应增厚美德，容载万物。这种传统精神在新世纪中仍有生生不息的活力，全体师生应该秉承“十六大”关于弘扬与培育民族精神的理念，修德正心，养成正直高尚的人格，从而以博大的胸怀顺应自然与社会变革，承担起时代的使命。

校训

“砺教笃学”。“砺教”是一个教学互动的过程。常言道“能者为师”师生关系在新世纪的定位必须体现“民主、平等、和谐、合作”的理念。所谓

"宝剑锋从磨砺出"，教师更应以"十年磨一剑"的韧劲和与时俱进的精神立于一方教坛，成为学生持续发展、终生学习的导师。"笃学"是一个全心全意、孜孜以求，从而达到学问博大精深、融汇贯通的动态学习过程，它引导一中人关注自身的可持续发展，学会"学习"，学会"做事"，学会"生存"，学会"健身"，师生携手共创一个学习化的新型校园。

校风：务实求活　和谐发展

学风：尊师　好学　砺志　有为

教风：乐教　善导　治学　育人

湛江第一中学

简　史

湛江第一中学始建于1937年，历史悠久，素有“南路学府”的美誉。她的前身是培才中学。1952年，培才中学与当时的市立一中、河赞中学合并命名为湛江第一中学。学校因办学成绩卓著，名震粤西，早在1958年就晋级为广东省重点中学，2006年被评为首批广东省国家级示范性普通高中。在八十年的办学历程中，学校形成了“爱国、进取、奉献”的校训，“志、勤、实、爱、严、活”的校风，“敬业、爱生、严谨、求精、灵活、革新”的教风，“尊师、守纪、好学、多思、实践、创造”的学风，“以德治校、育人为本、和谐发展、笃学求尖”的办学理念，“尚德崇文、爱满校园”德育理念和“实践创造、凸显特长、快乐生活”的办学特色。

训规

校训

爱国　进取　奉献

学校诞生于抗日战争爆发的年代，毗邻着为纪念湛江人民爱国抗法运动而修建的寸金公园。“爱国”成为学校办学的最基本要求，也是我校一直传承的光荣传统。“进取”，指努力上进，力图有所作为，是人的精神境界，是湛江一中人追求卓越，敢于成功的动力。“奉献”是一种爱，是对事业的爱，是对教育事业不求回报的爱和全身心的付出。

校风：志　勤　实　爱　严　活

教风：敬业　爱生　严谨　求精　灵活　革新

学风：尊师　守纪　好学　多思　实践　创造

校训

茂名广东高州中学初中校区

简　史

广东高州中学前身是元代府学，1903年改制为中学。2002年高中部搬迁，初中部于2007年定名为“广东高州中学初中校区”。学校现有学生4200多人，教职员工280人，设施完善、设备齐全。校园古朴优雅，宁静美丽：布局整体美，环境绿化美，装饰艺术美，师生文明美，高州精神文明标志之一的“学砚塘”位于校园内。历年来，中考上城区四大高中的人数稳居全市第一。先后获“全国国防教育特色学校”“全国青少年集邮示范基地”“第一届广东省文明校园”等荣誉称号。

训　规

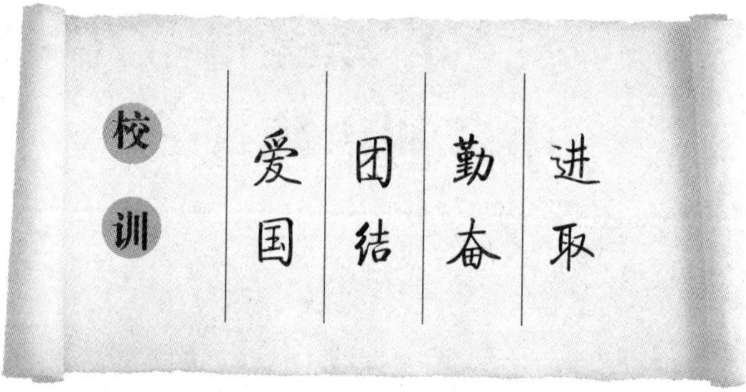

爱国：国强才能民富，有国才有家。爱国永远都是时代的最强音，是师生最根本的价值取向。

团结：团结就是力量。强调团队意识，求同存异；重视合作共赢，和谐共进。

勤奋：人生在勤，勤能补拙。在勤奋中掌握有效的方法，养成良好的习惯。

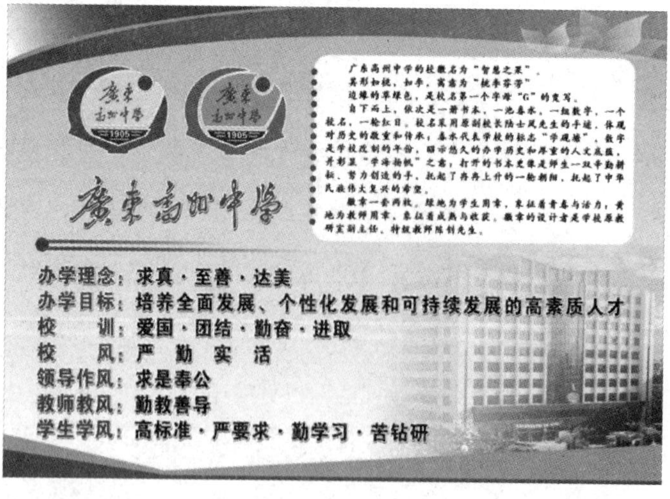

校训

进取：自强不息，开拓进取。倡导师生追求真理，超越自我，止于至善。

校风：严　勤　实　活

学风：高标准　严要求　勤学习　苦钻研

教风：勤教　善导

肇庆中学

简　史

广东肇庆中学坐落在国家级历史文化名城——肇庆端州，前身是创办于1573年的两广端溪书院，1905年改为肇庆府中学堂。1949年11月起定名为广东肇庆中学，是全省十六所重点中学之一，以良好的校风、雄厚的师资、鲜明的特色、显著的效益而享誉岭南。1994年被评为首批省一级学校。2007年10月，学校被评为广东省首批国家级示范性普通高中。学校先后荣获“全国‘五讲四美、为人师表’活动先进单位”“全国勤工俭学先进单位”“全国群众体育先进集体”“广东省德育示范学校”“广东省文明单位”“广东省文明校园”等荣誉称号。

训 规

校训

崇善尚美

格物致知

“格物致知”即通过探究事物原理而获得智慧，既包涵了教育的求真精神，又蕴含了求真的科学态度。领导班子率先垂范，积极践行，提出肇中科学发展观——“既要今天学习进步的金山银山，更要明天综合发展的绿水青山!”教师秉承这一理念，积极探索，不断提升。学生核心素养全面发展。根茂实遂，膏沃光晔，正因为植根深厚，今日肇中已雄居全省一流中学行列。

校训

“崇善尚美”即推崇善行，传承美好。它既是肇中人道德建设脚下的路，也是远方的梦。文心雕龙，格高行远，一个人只有人格完善，才能谋求更高发展、取得更大成功。各美其美，美美与共，我们办教育就是温暖人心，谱写善与美的华章！

学校秉承“格物致知，崇善尚美”的校训，以“养文明之气，办优质之学，育和谐之才，走创新之路”为办学指导思想，通过实施“名师强校”工程，全面推进素质教育，积极探索新课程改革，学校教育教学管理水平不断走上新台阶，高考和学科竞赛成绩在市内独占鳌头、在省内名列前茅。在校训滋养下，肇中形成了“文明、优质、和谐、创新”的校风、“敬业、爱生、博学、善教”的教风和“尊师、乐学、合作、慎思”的学风。肇中师生学习勤奋，体格健美；语言文明，行为规范；涵养深厚，人格健全；学校人际和谐，环境优雅。肇中人，立地有厚度，顶天有高度，前进有速度。

清远市第一中学

简　史

广东省清远市第一中学，创建于1928年，是广东省首批国家级示范性普通高中、广东省普通高中教学水平优秀学校、广东省德育示范学校、广东省书香校园、全国中小学心理健康教育特色学校。学校始终秉承“清正立身，跬步致远”的校训，坚持“让每一位师生都得到发展、感受幸福、走向成功”的办学宗旨，致力于培养全面发展、个性突显的时代英才。学校正以高品位的文化力带动教育教学质量的提高，向着“树全优教育品牌，创现代一流名校”的愿景迈进。

训　规

校训

清正立身　跬步致远

清正立身：清者，高洁清净，是曾子“三省吾身”从而不失本心的体现。正者，合乎法则，所谓大匠诲人必以规矩，学者亦必以规矩（《孟子·告子上》），激励教师遵守职业道德规范，将其内化为一种自觉意识；激励学生规矩言行，学会做人、学会学习、学会健体、学会审美。

跬步致远：引申自“不积跬步无以至千里。”（荀子《劝学篇》）即确立人生目标并为之不懈奋斗，通过脚踏实地的努力去成就。

校训“清正立身”源自“德育为首”的办学思路；“跬步致远”源自学校悠久辉煌的历史和踏实进取的风貌。校训将“清远”镶嵌其中，更具学校个性特征。

校风：致和　致新　致美

学风：乐学　乐思　乐行

教风：立爱　立责　立人

校训石

潮州饶平县第二中学

简　史

饶平二中为潮汕名校，其前身为“瑞光书院”，建于1736年（清乾隆年间），原校址位于现县政府的“瑞光台”。1924年，成立饶平县第二中学，现址在黄冈镇石壁山（栖云山）风景区内，占地面积160余亩，学校依山傍水，绿树掩映，自然景观和人文景观和谐统一，处处洋溢着典雅与现代的气息，大气朴素而又富有生机活力，是广大学子求学的理想之地。学校为饶平县唯一的重点高中，多年来分别获得“全国精神文明建设工作先进单位”“广东省现代教育技术实验学校”“广东省群众体育先进单位”“广东省语言文字规范化先进学校”“潮州市高考先进单位”“潮州市绿色学校”等荣誉称号，现为广东省国家级示范性普通高中。

训　规

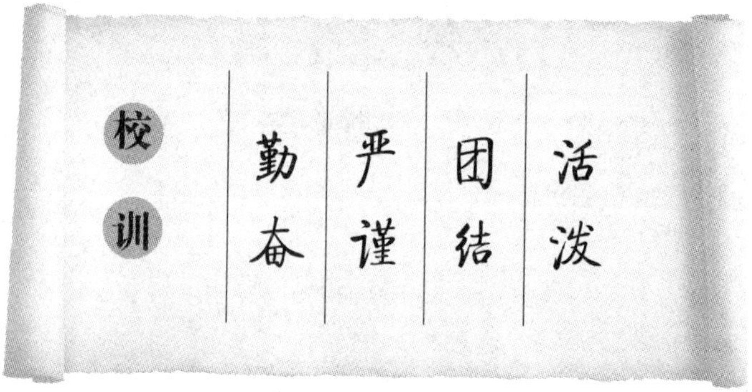

勤奋：学会学习，自觉地学、勤奋地学，养成良好的学习习惯，掌握有效的学习方法，形成良好的学风。

严谨：教与学都讲求严肃认真态度，不随意不放松。本着崇敬、慎重的态度去求学做事。

团结：强调团队意识、团体竞争、求同存异、和谐共进。

活泼：莘莘学子在学海中自由探航，施展个性，不唯传统，自主追求。

校训

他们灿烂阳光的笑脸，积极向上的精神，使校园律动着青春的气息。

饶平二中具有深厚的历史文化底蕴，二中人秉承优良校风，赢得了上级教育部门和社会同仁的广泛赞誉和认同。学校以“敷教育才、养德明知、和谐精进、终身发展”为办学宗旨，学生刻苦好学，教师勤教乐教，常规教学扎实有效，教育研究推陈出新，学校具有鲜明的办学特色和严谨的管理制度，显示了稳健的可持续发展潜力。二中人默默耕耘在饶平这片沃土上，年年岁岁收获桃李芬芳，用梦想和汗水、理性与激情谱写着腾飞的壮歌！

云浮邓发纪念中学

简　史

邓发纪念中学是云浮市为纪念邓发烈士于1996年创办的市直属重点中学，由前国家主席杨尚昆同志为学校题名。学校坐落在南山河畔，占地140亩，树绿花香，景色怡人，办学条件日臻完善，办学水平不断提升，现已成为广东省一级学校、广东省教学水平优秀学校、广东省文明单位、广东省依法治校示范校、广东省绿色学校、广东省书香校园、广东省德育示范学校、广东省国家级示范性普通高中等；学校先后被评为全国艺术教育先进单位和全国和谐校园先进单位。

训规

校训

笃学 修身 爱国 荣校

邓发烈士是中国共产党前期领导人之一，中国工人运动的早期领导人，是我国无产阶级革命家。邓中是为纪念邓发烈士而建的一所学校，建校以来就把邓发精神定位为矢志不渝的共产主义信念、爱国爱人民的赤子情怀、刻苦自励的进取精神，并结合社会主义核心价值观，将这一精神凝练成“笃学、修身、爱国、荣校”八字校训，内化于每个邓中人的气质当中。邓发纪念中

校训

学的核心理念是“行健日新”，在校训中也体现这一理念。邓中人从古代经典中挑选出代表古代知识分子的家国情怀的词语组成校训。“笃学”，指的是专心好学，语出《论语·泰伯》。“修身”，指的是修养身心，语出《礼记·大学》。笃学修身，意为志于学、专于学、厚于学，并付诸实际行动，让思想与实践知行统一，时时检束自己的身心言行。同时，邓中人结合社会主义核心价值观和时代精神，教育学生弘扬民族精神和爱国主义，继承邓发烈士的遗志，爱护祖国，牢记革命先烈的革命精神和优良传统，刻苦学习，积极进取、勇于创新、艰苦拼搏，学校为每一位优秀的邓中人感到光荣和骄傲。

校风：尚和求实　薪火相传

教风：精研善教　爱生敬业

学风：志存高远　好学力行

小学篇

广州市东川路小学

简　史

东川路小学创办于1905年，原名东关学堂，于1998年定名为东川路小学。现有33个班，学生1447名，教职工83名。是全国语言文字示范校、广东省文明校园、广东省交通安全示范校、广东省绿色学校、广州市文明校园、广州市安全文明示范校、广州市首批艺术教育基地学校。

训规

校训

勤学 坚毅 团结 奋进

东川校训引领全体东川师生以终身勤学的态度，培养坚毅的品格，持续多元发展；秉持团结的传统，发扬奋进的精神；内强素质，外塑形象，成就有筋骨、有道德、有温度、有情怀的东川现代教育梦想。校训是师生共同遵守的基本行为准则与道德规范，是学校文化精神的核心内容。校训对内作用是引领规范师生行为，凝心聚力，明确办学方向，形成东川特色；对外，则起到凸现东川形象，提升办学品位，反映创建历史和文化背景的作用，让社会对学校有更深切、清晰、准确的了解，产生更大的影响。

校训

校风：求真　尚美　文明　至善

教风：爱生　乐教　创新　奉献

学风：乐学　善思　博学　多元

深圳市福田区荔园小学

简　史

广东省深圳市荔园小学位于市中心城区福田区，创建于1981年9月，是一所公办、全日制完全小学。学校现有南、北、西三个校区，校园占地面积共27903平方米。教师中本科学历达77%，各级骨干教师人数占教师总人数的40%以上。荔园小学现已在德育工作、艺术教育、科学教育、体育工作方面形成了自己的办学特色。荔园小学“以实施多元教育，把学校办成具有优质教育、优良校风、特色鲜明的现代化示范学校，让学生得到全面、和谐、自主发展”为办学目标，全面实施素质教育，努力使每一个孩子能感受学习生活的快乐，享受成长的快乐，综合素质不断得到提高，并具有国际理解意识和跨文化交往能力。

训　规

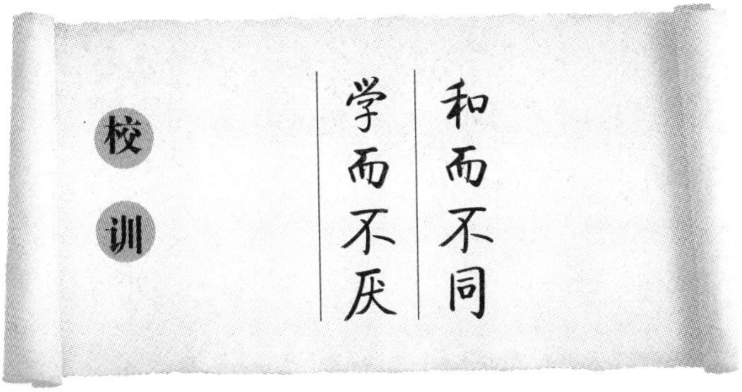

“学而不厌”出自《论语·述而》：“默而识之，学而不厌，诲人不倦，何有于我哉?”形容学习总感到不满足，好学。期望师生能够树立终身学习的思想，养成认真学习的习惯，掌握科学的学习方法，不断提高学习能力，掌握自身发展和社会需要的知识，成为一名不断进取，不断进步的有用人才。

“和而不同”出自《论语·子路》：“君子和而不同，小人同而不和。”意

升旗仪式

为和睦地相处，但不随便附和。期望师生能与人保持一种和谐友善的关系，能有共同的愿景，并在此基础上，对事情有自己独立的思考，形成自己的独立的人格，有自己个性化的发展。

校风：求真务实　追求卓越

教风：敬业乐群　求是创新

学风：崇德尚礼　好学敏行

珠海市香洲区杨匏安纪念学校

简　史

学校创建于1953年，原名北山小学，2003年为了纪念马克思主义先驱，中国共产党早期的革命家杨匏安烈士，更名为杨匏安纪念学校。学校占地20800平方，绿化覆盖率60%。是个有山，有水，有树，有菜，有精神传承，有孩子快乐笑声的，特色鲜明的学校。学校目前有26个教学班，1200名学生。65名教师中，省特级教师一名，省市名教师、名班主任4名，区学科带头人5名。全体教师本着敬业乐业的情怀，丰盈生命，点燃梦想，点亮未来。近两年学校被评为“全国足球特色学校”“广东省绿色学校”“广东省文明校园”。教师各类学科竞赛获奖50人次，学生获奖200余人。

训　规

校训

点亮未来
点燃梦想

学校处于城乡结合部，学生大多是务工子弟的孩子，在孩子心中植根梦想，点燃他们对未来的憧憬，就是学校的教育教学的目标。有梦是美好的，有梦想才有希望，有梦想才有创新。点燃梦想，最终收获希望，收获春天和阳光。给孩子一片自由飞翔的天空，给孩子一方默默耕耘的土地。也许他是

课外学习

一粒石子，也许他是一条小溪，但有梦想、有希望，日久天长，将会累成一座高山，将会汇成一片汪洋，他们终究能点亮他们的未来。

校风：守正出新　昂扬向上

学风：善学善思　自信自强

教风：博学善导　爱生乐教

汕头市桂花小学

简　史

汕头市桂花小学创办于2002年，是一所规模大，环境美、师资优良、特色鲜明的学校。办学以来，学校坚持以常规教育为切入口，以课堂教学为主阵地，以全面加特长为培养目标。依托“以人为本、依法办学、以德治校、科研兴校”的办学观念，全面实施素质教育，努力创建优质学校。教师具有“敬业、爱生、善教、进取”的良好教风。学生养成良好的行为习惯，讲文明、懂礼貌、守纪律、求上进。学校先后获得国级荣誉6次、省级荣誉13次、市级荣誉14次；有60多名教师参加各级教育教学比赛获奖；有300多篇教师论文在国、省、市、区教育刊物上发表及获奖；学生在各级各类比赛中共有2000多个次获奖。

训　规

校训

追求卓越　主动发展

以“教育要面向现代化，面向世界，面向未来”为办学指导思想。以全面提高学生素质为根本任务，树立以学生为主体，最大限度地调动学生的自主性、主动性和创造性，使之成为学习的主人、生活的主人，主动发展、主动成才；建设一支掌握现代化教育思想、教育内容、教育方法与手段的师德高尚、素质优良、教研结合、敢于创新、可持续发展的学习型、科研型教师队伍，大力培养青年教师，提供民展平台，让优秀的青年教师展现教育智慧，形成自己的教学风格，脱颖而出。

校训

校风：求实　创新　团结　奋进

学风：文明　好学　健美　上进

教风：敬业　爱生　善教　进取

佛山市第九小学

简　史

走过七十多年峥嵘岁月，佛山市第九小学现在拥有“一校两区”。近年来，学校本着“在传承中求创新，在坚守中谋发展”的务实精神，全面实施“立本教育”，使学校步入了高位优质发展的快车道。学校先后被授予“全国现代教育技术实验学校”“中国可持续发展教育实验学校”“全国青少年校园足球特色学校”“广东省一级学校”“广东省德育示范学校”“广东省依法治教示范学校”“广东省绿色学校”“广东省红领巾示范校”“广东省诗歌教育示范校”“广东省中小学校本培训示范学校”“佛山市教科研示范学校”等荣誉称号。

训　规

校训

唯本　唯实　唯勤　唯严

佛山九小长期以来以“唯本、唯实、唯勤、唯严”作为体现治校精神的校训，在几十年办学实践中已经成为九小人共同的行为准则，“唯本”，即办学以育人为本，校长以教师为本，教师以学生为本，管理以服务为本。“唯实”，即办学讲实际，教育讲实效，做人讲实在，做事讲实绩，一切实事求是。“唯勤”，即勤读书、勤观察、勤思考、勤实践，努力创新图强。“唯

校训

严”，即学校严格管理，教师严谨治学，学生严于律己。

校风：文明　勤奋　健美　进取

教风：乐业　爱生　严谨　创新

学风：勤思　好问　乐学　笃行

韶关市曲江区九龄小学

简　史

韶关市曲江区九龄小学，得名于具有“张曲江”之称、“九龄风度”之美誉的唐朝名相“张九龄”，于2011年9月1日正式建成启用。学校秉承“守正忠直”的九龄风度，秉持“以民为本、德望为先、才杰廉明、尚直宽和”的九龄文化，确立了“正和文化”为九龄小学的核心文化。学校以“学生快乐、教师幸福、家长满意”为办学目标，以“为学生终生发展奠基、为教师幸福人生添彩”为办学理念，以艺术教育（琴棋书画）为办学特色，坚持按照“一年抓规范、三年出特色、五年成品牌”的发展规划，着力推进校园特色文化建设，初步形成了“文化九龄”“正品九龄”“艺术九龄”的“正和”校园文化特色。

训规

校训

尚正宽和

“尚正”，据《旧唐书》《新唐书》《资治通鉴》等文献记载，“守正忠直”是张九龄在唐代开元间充分展现的高尚人格，是“九龄风度”的精髓所在。“尚正”勉励全体师生秉承九龄精神，正直做人，实在做事。

“宽和”，在中国古代哲学典籍中虽不是一个独立的名词，但“宽”与“和”分开来用，含义颇丰。“宽”在古代哲学中是“仁”的内容之一，有宽弘、宽厚之意。九龄风度被后人总结为“以民为本，德望为先，才杰廉明，尚直宽和”十六个字。“宽和”，既包含有对人与物的爱、包容、理解，展示出人的内心世界的深厚、博大、充实；同时包含有对万物和谐相处、共同发

学校全景

展的理解与追求，又展示出“和”的根基：一定要承认万物的多样性、个别性，这是“宽和”思想中所能发挥出的最有现代感的要素。“宽和”勉励全体师生仁爱宽厚，和谐发展。

校风：至正至和　正直诚信　仁爱宽和

教风：儒雅至正　师德高尚　温文尔雅　智慧育人

学风：儒雅慧学　正直儒雅　聪慧乐学

河源市第三小学

简　史

河源市第三小学创建于1998年秋，隶属市教育局直管，校园占地面积1.25万平方米。学校教学设施完善，育人环境优美。57个教室全部配有多媒体教学平台，有33个功能室，体育设施齐全，规划设置了读书、艺术、德育、环保、卫生、安全等富有教育意义的专题文化，校园可绿化覆盖率达100%。学校遵循“为了学生未来的卓越奠基”的办学宗旨，注重营造“风清、人文、多彩、活力”的氛围，坚持落实“正理念、重文化、硬教学、实德育、强科研、高执行”的治校方略，在环境育人、科研兴校、体艺教育、自主管理、帮教活动中取得了骄人的成绩。

训 规

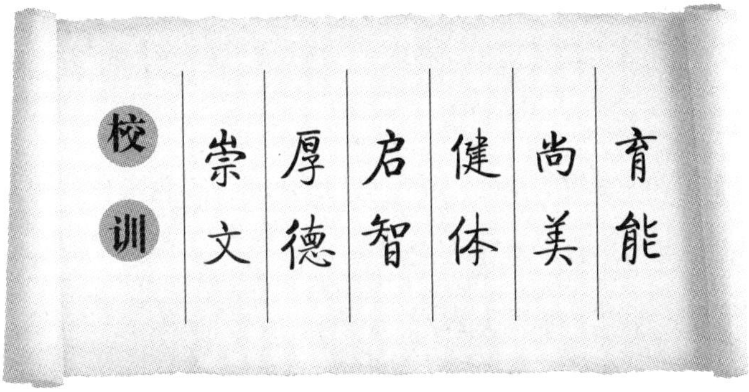

崇文：教育孩子要从小要热爱学习、尊崇文化，相信科学，以崇尚文化为荣，以愚昧无知为耻。

厚德：指教师以深厚的德泽育人，以崇高的道德、精深的学识培育学生成为拥有优秀品质、良好行为、厚实道德的接班人。

启智：通过六年小学阶段学习，从课堂、活动、实践过程中开拓思维、

校训

启迪智慧、挖掘潜能。

健体：通过体育课、阳光体育活动、运动会、劳动实践等形式，学会锻炼、劳动的技能，鼓励学生养成良好的健体习惯。

尚美：引领学生热爱生活，崇尚美、发现美、具备品美、赏美的艺术情操。

育能：通过学科竞赛、特长表现、自我管理、实践操作等方式，培养学生的各种能力，努力培育学生全面发展。

校风：勤思　明礼　求真　践行

学风：勤奋　守纪　乐学　创新

教风：崇德　博学　励志　善教

梅州市梅县区程江镇中心小学

简　史

梅县区程江镇中心小学创建于1932年，其前身为培英公学，取培育英才之义。学校位于梅县区新城风景秀丽的梅江河畔，是一所区级中心小学、省规范化学校，全校有83个教学班，学生5351人。学校先后被评为全国优秀家长学校、广东省书香校园、广东省语言文字规范化示范学校、梅州市德育示范学校、梅州市培育和践行社会主义核心价值观示范点等，2012年5月，学校与北大青鸟集团共建“梅县北大附属实验学校”并顺利挂牌，掀开了学校发展的新纪元。学校办学80多年来，承历届政府领导悉心关怀，蒙几代贤达栉风沐雨，先后兴建起“宽婉楼”“官能堂”“念祖楼”等教学大楼，使学校规模日益壮大。

训　规

校训

崇德　和谐　创新　健美

崇德：“崇德”之“崇”是推崇的意思。“德”，是道德、德行，也就是人的品质或品格。“崇德”即主张人要推崇高尚的品格，这是为人之本。把它列于首位，体现了“育人为本、德育为先”的办学指导思想。

和谐：学校的制度健全、管理有序、安全稳定；学校拥有极强的创造活力和凝聚力，师生积极向上、团结互助、平等友爱、和睦融洽。以“三礼”教育为切入点，培养和践行社会主义核心价值观，促进学校和谐发展。

创新：创新就是根据现实的发展，跳出传统思维，提出新观念，新策略，新方法。因此创新包括思想观念创新、机制创新和方法创新。

健美：培养身心健康，文明进取，基础知识扎实以及具有一定创新能力全面发展的小学生。

校风：自信　合作　务实　笃行

教风：敬业　严谨　进取　创新

学风：文明　勤奋　乐学　善思

惠州市博罗县罗阳第五小学

简　史

学校于1994年创办，位于丘贝遗址公园——葫芦岭下，东江之滨，占地32000平方米，建筑面积22000平方米，有两个校区，现有教职员工191人，学生4000余人。2002年起，该校以艺术教育为突破口，全面实施素质教育。2012年起，开展语文和艺术综合课程校本化改革实践，建立了独具特色的校本课程体系。2017年起，围绕“新六艺育新人”的办学理念，打造礼园、乐园、射园、御园、书苑、数园六个园区，完善与园区相配套的场馆和课程建设，校园文化特色明显、氛围浓厚。该校是市、县农村教学点负责人和教师培训基地，是广东省绿色学校、广东省规范汉字书写教育特色学校、惠州市艺术教育工作先进单位、惠州市文明校园、博罗县模范单位。

训　规

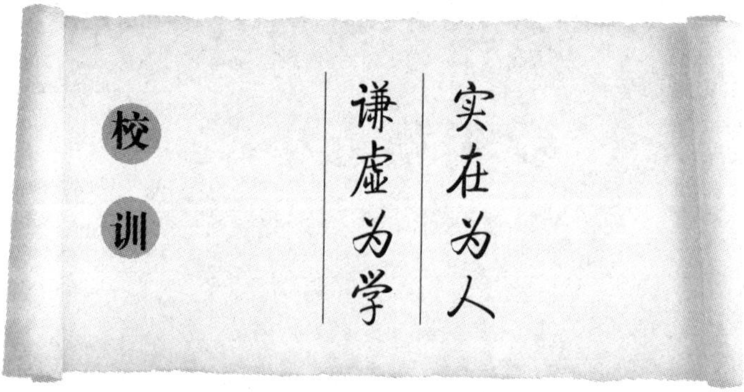

取义《菜根谭》:“心不可不虚，虚则义理来居；心不可不实，实则物欲不入。”人一定要有虚怀若谷的胸襟，只有谦虚谨慎才能获得真知灼见；人一定要坚强执着，意志坚定，那样才能不受名利的诱惑。

校风：勤奋开拓　文明优秀

学风：乐学善思　活泼和谐

教风：自觉自律　自主自重

校训

汕尾市陆河县实验小学

简　史

陆河县实验小学创办于1997年，现有学生1997人，专任教师112人，其中特级教师2人，高级教师13人。学校占地28500平方米，建筑面积11000平方米，运动场环形跑道200米。学校以“求实”为校训，秉持“以人为本，德育为先，全面发展”的办学理念，已形成了“文明、守纪、活泼”的校风，“严谨、务实、创新”的教风和“自主、合作、探究”的学风，学生综合素质高，学校书香氛围浓厚，青少年科技创新教育、“争当阅读之星”读书活动、少先队工作特色明显，先后荣获“全国学校艺术教育先进单位”“全国优秀少先队集体”“全国教育科研先进单位”“广东省书香校园”等十多项省级以上荣誉称号。

训　规

校训　求实

以“求实”作为校训，是师生修身治学做人修为的出发点和落脚点。“实”是指实事求是、真实、扎实、朴实、务实、诚实。办学要实事求是，从实际出发，注重实效；治学要理论联系实际，尊重科学，追求真理，朴实无华；育人要诚实，说老实话，办老实事，做老实人，一步一个脚印，踏踏实实。“求实”是做人之根本，做人要诚实守信。对学生而言，“求实”就是严

教学楼

谨治学，不唯上、不唯书、只唯实的科学态度。对于教师来说，“求实”就是有扎实的专业素养，从学生的实际出发，以务实的工作作风，引领学生根据实证，求索真相。

校风：文明　守纪　活泼

学风：自主　合作　探究

教风：严谨　务实　创新

东莞市东城小学

简　史

学校位于东莞市黄旗山北麓，毗邻东城区文化中心，环境优雅，文化气息浓厚。校园占地面积15300平方米，建筑面积达15666平方米，绿化率达100%。学校建立了校园网络、学校网站，连接教育专网。学校的办学目标是办成一所学生喜爱、家长满意、社会信任的学校。学校重视书香校园建设，校园环境文化建设设计新颖、主题突出。设有环保长廊、棋文化长廊、古诗文长廊、科普长廊和艺术长廊等。学校重视使师生个性风采得到张扬。重视教师培养，努力促使教师形成自己的教学风格；重视培养学生的兴趣爱好，充分利用校内外教师资源，为学生提供充足的个性化的活动课程。

训 规

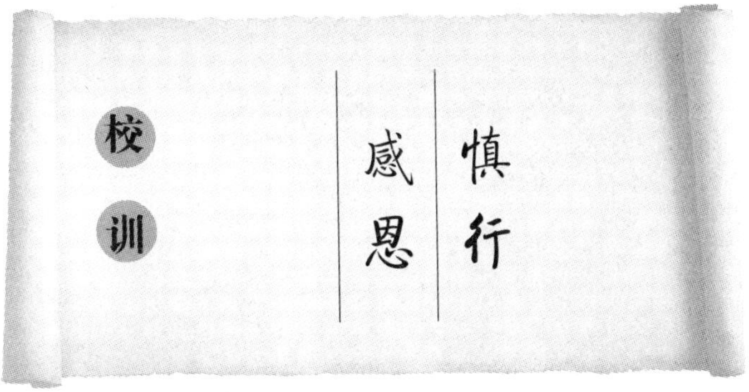

感恩：是人与人之间和谐相处的需要，能感受到别人的好，自然也会以爱去回报，是培养健康心理的需要。因为懂得感恩的人最幸福。校园充满人文关怀，教师懂得感恩，把学生看作人格平等的“学友”，尊重学生的心理感受、尊重学生的个性、尊重学生的个性发展。教师把学生看作需要照顾的“学子”，关心学生的安全、关心学生的身体。学生懂得感恩，喜爱这所学校，

校训

在学校好好学习、积极锻炼、天天向上！努力在德、智、体、美等方面不断进步，特长得到培养。

慎行：缘于学校“三棋”特色文化，即：人生如棋局、慎重走好每一步，积极向上，努力进取。

校风：团结进取　奋发创新

教风：爱生如子　爱岗敬业　爱校如家

学风：主动　合作　善思　乐学

中山市杨仙逸小学体育路学校

简　史

学校创办于2005年，以“奏响童年最美的旋律，绘就未来最美的蓝图”为办学理念，以“未来就在今天”为校训，以“教育让生命更美好”为办学追求，以“和谐致美、以美育人”为办学策略，致力打造“德美”教育特色和修身课程体系，指导学生修德、修行、修为，并在“修德”过程中落实“爱国爱家”和“诚信守法”课程教育；在“修行”过程中落实“身体健康”和“心理健康”课程教育；在“修为”过程中落实“实践创新”“善学合作”课程教育，使学生在修身课程体系中不断提升，不断完善，最后通过修德正品，修行正心，修为正能，培养拥有“正品、正心、正能”好少年。

训　规

校训

未来就在今天

未来，今日之期盼也。今天，明天之基础也。不珍惜今天的人，不会憧憬明天；没有今天的努力，就不会拥有美好的未来！体育路学校一直以来以“和谐致美、以美育人”的办学策略，努力打造“德美”特色，培养人格美、才艺美、仪表美、言行美等“四美孩子”，就是让全体师生努力践行“未来就在今天”的校训，通过今天的努力，去拥抱美好的未来！现今，“未来就在今天——美好的未来就在于今天的努力”这一校训已成为体育路学校师生深入骨髓的成长基因！

校训

校风：人格美　仪表美　言行美　才艺美

学风：以学为乐　学以致远

教风：为学而教　教学相长

江门市紫茶小学

简 史

江门市紫茶小学是五邑侨乡一所历史悠久的学校，它创办于 1905 年，1991 年被评为“中国名校”。随后被评为教育部—IBM“基础教育创新教学”项目学校、“广东省特级档案学校”“江门市标兵文明单位”“英特尔未来教育项目示范学校”“广东省优秀现代化实验学校”“广东省知识产权教育示范学校”“全国群众体育先进单位”“广东省安全文明学校”“广东省红领巾示范学校”“广东省‘书香岭南’全民读书活动学校”“广东省校本培训示范学校”“广东省青少年科学教育特色学校”“中国教育学会中小学整体改革专业委员会实验基地”。

训规

校训 每天进步一点点 成功向你招手

校园一景

取得一点进步不难，难的是每天都进步一点点，你才会有成功的希望。紫茶小学校训告诉学生的是：一是坚持。不积跬步，无以至千里。只有一步一步的积累，最终才会走向成功，成功贵在坚持。二是踏实。一蹴而就，好高骛远这种心态绝不能有。成功我所欲，切记莫心急。招手即来的成功都是充满了水分和泡沫的，要不得。紫茶小学学子须切记坚持与踏实，则必然能走上成功之路。

校风：好好学习　天天向上

教风：奉献　团结　务实　创新

学风：勤学　精思　会学　灵活

阳江市阳春市春州小学

简　史

阳春市春州小学开办于2013年秋，学校按照广东省义务教育规范化学校标准建设，校园环境优美，设计合理美观，占地面积35亩，校舍建筑面积1.3万平方米。春州，是“阳春”由来已久的历史称谓，而阳春素有“水墨阳春，百里画廊”的美誉，学校围绕“水墨春州，绿色校园”这一主题，致力于绿色校园的建设，努力打造文化味浓郁的书香校园。学校开办四年来荣获“阳江市巾帼文明岗”“阳江市红旗大队”“阳江市校园足球特色学校”“全国青少年校园足球特色学校”等称号。

训规

校训

春发其华
秋结其实

春州小学紧扣“如春教育”这一元素，以“春发其华，秋结其实”为校训。其出自《后汉书》“春发其华，秋收其实，有始有极，爰登其质”。意为：人生像草木一样，春天开花，秋天结果。春天到来了，先适时播种、辛勤耕耘，后才能在秋天收获丰收的喜悦。有始有终，这是做人的实质。

校园一景

校风：博学自华

教风：春风化雨

学风：乐学勤思

湛江市第八小学

简　史

湛江市第八小学创办于1951年，前身是湛江市第一工人子弟学校，1953年改现名。学校共有跃进、金城、草苏三大校区。该校坚持“承启办学、厚德育人、精益求精”的办学理念，走“国学育人”的办学之路，建设儒雅校园，打造儒雅教师，培养儒雅学生。该校先后有数千名学生在国家、省、市、区级竞赛活动中获得奖励，数百名学生的作品在各类报刊上发表。该校先后被评为“广东省一级学校”“广东省书香校园”“广东省校本研修示范校”“中华经典诗文诵读实验特色创新学校”“广东省青少年科学教育特色学校”“广东省小学教师培训基地”“广东省诗歌教育示范学校”“第一届广东省文明校园”“全国国防教育示范校”。

训规

校训

为校争光

爱我八小

“八小”是每一位学子成长的摇篮，是一个温馨和睦的大家庭。作为这个大家庭中的一员，我们有责任把它建设得更加美好。

“爱我八小”首先要爱护好八小的共同财产，一花一树，一桌一椅，都留下我们成长的印迹。其次要热爱老师和同学，要感恩老师的谆谆教导，要感谢同学的朝夕相伴。最后要热爱八小的荣誉，严于律己，奋勇争先，当好八小的代言人。

校训

“为校争光”要从自己做起，每个同学好好学习，健康成长，就是八小最大的荣光；“为校争光”要从小事做起，从身边做起，“勿以善小而不为”，要展现八小学子优良的精神风貌；“为校争光”还要从珍惜机遇做起，把握好每一个提升能力、展现才华的机会，用自己灵巧的双手和聪明的头脑为八小增光添彩！

校风：养正品儒　志善行雅

学风：以学为乐　学以致用

教风：以教为乐　教学相长

茂名市电白区第一小学

简　史

茂名市电白区第一小学是广东省一级学校，创办于1952年，至今已走过了60多年的风雨历程。学校环境优美，文化气息浓郁，校风好，教风正，学风浓，教育教学成绩显著，是电白教育的一颗璀璨明珠。该校科技教育成效显著，每年都组织学生参加广东省科技创新大赛，并荣获省一等奖1次，二等奖4次，三等奖9次；获得国家专利2项。该校书法教学成绩显著，参加中华少年儿童全国美术书法大赛荣获集体特等奖；组织学生参加2015年广东省中小学书法大赛荣获一等奖；学校被评为广东省书法教育名校。

训 规

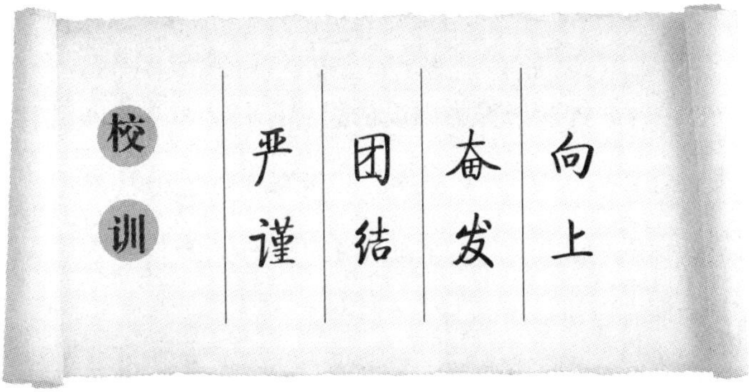

“严谨”就是严肃、谨慎，对工作认真负责。“严谨”是对教育教学工作和教师行为最本质的要求，也是对学生求学态度的本质要求。教师在工作中做到了严谨，取得优良成绩就有了最基本的保障。

“团结”是力量的源泉，也是事业成功发展的前提。在学校这样一个团体

校训

中，只有团结起来，凝心聚力，才能共同完成教学任务和培养目标。

“奋发”是精神振作，情绪高昂的意思。在工作、学习和生活当中，我们都需要振作精神，积极上进，遇到困难不气馁，不退缩，不放弃，坚持到底，只为胜利。

“向上”就是有一种倾心努力向前的思想。作为学生从小就要树立天天向上的理念，完成好自己的学业，为自己的未来作好充分的准备；作为教师要不断追求进步，积极向上，努力去适应当前形势下的教育观念，不断完善自我，充实自我，催人奋进，助人成材。

校风：崇德　明理　务实　创新

教风：爱生　乐教　博学　善导

学风：求善　求真　求美　求新

肇庆市第七小学

简　史

广东省肇庆市第七小学源于清光绪三十二年（1906年）创办的高要私立图始两等小学堂。学校历经百年风雨，尽管校名、校址数度变更与迁移，但七小师生始终秉承“正气育人，品学双修”的优良传统。学校在梳理传统办学优势的基础上，凝炼出“启蒙养正，明礼成人”的办学理念。在近十年的“弘养正文化，育生命自觉”的实践探索中，建立师生的正确价值取向，达成“品学双修，自主发展”的目标。学校校风严、质量高，从一所小学堂逐渐发展成为现代化城市优质小学，综合办学水平已多年位居肇庆城区小学前茅。今天的七小，因传承而厚重，因创新而精彩。未来的七小，在传承与创新并举的发展道路上，将继续向着自主、创新、卓越的现代学校目标迈进！

训 规

校训

始于足下
奋发图强

1906年（清光绪三十二年），高要县府在端州龙顶岗附近创办了高要县私立图始两等小学堂，学堂顺应时代要求，以图始为校名、校训，“以兴学育人”。这所小学堂就是今天肇庆市第七小学的前身。学校百年间虽历经沧桑，几易其名，几经迁址，人事变迁，如今校训由“图始”二字拓展为“发奋图强，始于足下”。意为振作精神，以求强盛，语出郭沫若《科学的春天》及老子《道德经》第六十四章。其内涵也顺应时代，由“希冀开始新式教育，开

校训

通民智”发展为要求师生求真务实，身体力行，锤炼意志，扎扎实实地从启蒙奠基的实事做起。一代又一代的七小师生在百年校训的指引下，弦歌不辍，敬诚勤朴，百年的传承，让七小的文化丰盈而厚重。

校风：臻善臻美　日进日新

教风：厚生乐教　博学善导

学风：尊师有礼　好学进取

清远市清城区龙塘镇中心小学

简　史

清远市清城区龙塘镇中心小学始建于1913年，是一所历史悠久而又现代化的公办小学。一直以来，学校不断改善办学条件和提高教育教学质量，努力践行“立贤润德　龙腾志远”的办学理念，不断深化教育改革，全面推进素质教育，营造“和谐　阳光　尚贤”的校园风气，致力于培养“积极进取的贤德少年”，促进学生个性的全面发展和人格的健全，先后获得“清城区教育科研基地”“清城区教育先进单位”“清城区文明校园”“清城区科普示范学校”“清远市义务教育规范化学校”“清远市文明校园”“广东省特级档案综合管理单位”“广东省巾帼文明岗”等一系列荣誉称号，受到社会的充分的肯定和赞誉。

训规

校训

立上品 育贤才

龙塘镇中心小学始建于 1913 年，原名“云从小学”。“云从”语出《周易·乾》：“云从龙，风从虎。圣人作而万物覩。”“云从”隐喻“龙”，与当地名“龙塘”契合，而“云从龙，风从虎。圣人作而万物覩”则比喻有相同特质的东西会彼此吸引，相互感通，有美好内在或人格的人只要一站出来，万物便能清明地见到，有如在天翱翔的飞龙。学校冠名为“云从”，是希望学校能培养“有美好内在或人格的成龙之才”。学校经过百年历史的积淀和传承，提炼了“立上品 育贤才”的校训。“立上品”，学校全体师生学习古今贤能志士的优秀品格，

校训

品格，在日常行为实践中自觉养成和提升优秀品格。“育贤才”，一是指教师树立良好的师德，遵循学生成长规律，以自身优秀的品格影响学生，以自身的才华培育学生才华；二是指学生在教师的引领下，自主学习，自我成长，自我超越，自育成为贤德少年。

校风：和谐　阳光　尚贤

教风：爱生　博识　育贤

学风：活学　善思　成贤

潮州市实验学校

简史

潮州市实验学校创办于1999年，是潮州市教育局直属领导的一所全日制公办小学。学校先后获得“全国少先队红旗大队”“全国三八红旗先进集体”“全国家长学校示范校”“全国和谐校园”“广东省依法治校示范学校”“广东省安全文明校园”“广东省书香校园”“广东省中小学德育示范校”“广东省中小学心理健康教育示范校”“广东省校本培训示范校”“广东省传统体育项目特色学校”“潮州市十佳文明校园”等光荣称号。

训　规

校训

读有益的书

做有用的人

校园是教师引导学生读书明理，学会做人处事的地方；教师在发展学生的同时成就自己。读书足以怡情，足以博彩，足以长才。“读书好，好读书，读好书。”让学生把目光投向更广阔的时空，让心灵沟通过去和未来，已知和未知；领略自然界的美丽风景；获得与未曾谋面的伟人、精英对话的机会；陶冶情操，增长智慧，并做到“知行合一”，学会学习，学会做人。这一通俗易懂的语言，是对我校办学思路的精炼总结，也是对我校办

校训

学特色的高度概括。它充分反映了我校重视培养师生读书习惯、营造校园读书氛围、把读好书作为熏陶师生良好品质、打造优良校风的有效途径的办学理念。

校风：勤奋　活泼　和谐　优雅

教风：博爱　严谨　务实　创新

学风：多思　善问　乐学　勤行

揭阳市揭东区第四小学

简史

揭阳市揭东区第四小学座落在揭东城区金凤路北侧，布局合理，功能室齐全，能满足学生学习、体育活动和教师生活的需要。学校文化走廊、标语、墙报折射出浓厚的文化氛围。学校确立以“三个面向”为指导思想，以“面向全体、全面发展、培育特长”为育人目标；以“外树形象、内强素质、争创特色”为办学思想；以“办人民满意的学校”为办学目标。2010 年被评为省“书香校园”和区“校园文化建设先进单位”；2011 年被评为区、市“德育示范学校”；2013 年被评为区、市“平安校园”；2016 年被省评为“规范汉字书写教育特色学校”；2017 年被评为“广东省青少年校园足球推广学校”。

训 规

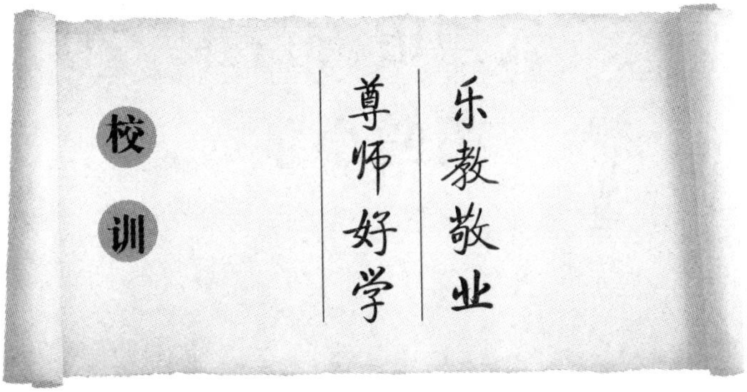

第四小学的校训分为学生和教师两个层面，要求学生要尊师好学，教师要乐教敬业。学生尊其师才能信其道，尊师重道，这是中华民族传统美德的重要规范，也是我校德育为先的教育理念。让每个学生都能乐于学习、善于学习，在学习中享受乐趣，这才是我们教育的春风。

老师乐教才能在教育教学中关爱每一位学生，才能收获学生成长之乐，才能更好地享受人民教师的光荣称号。而敬业则有利于加强教师的职业情感，他的道德行为的选择和坚持才更有稳定性、持久性和一贯性。在师生关系上，乐教敬业就体现在教书育人、因材施教；在同事关系上就体现在相互尊重、团结协作上；在对职业本身的态度上就会表现为严谨治学，锐意改革，提高教育教学效果，注重教学、科研质量等。

校风：团结　进取　求实　创新

教风：博学　善教　爱生　奉献

学风：勤学　精思　诚信　守纪

校训

云浮市新兴县实验小学

简　史

新兴县实验小学坐落在县城南面美丽的大南河畔，创办于1996年9月。近年来，新兴县实验小学努力推进特色学校建设，打造“扬长促全”教育特色，让每一个教师都拥有创新的舞台，让每一个孩子都享受成功的喜悦，让每一个家庭都感受回报的欢乐，提升办学品质，塑造学校品牌，取得良好的办学成效，学校先后被评为“全国教育系统先进单位”“全国现代教育技术实验学校”“全国学校体育工作示范学校”“全国优秀家长学校”“广东省文明单位”“广东省文明校园”“广东省绿色学校”“广东省群众体育先进单位”“广东‘书香岭南’全民读书活动先进单位”。

训规

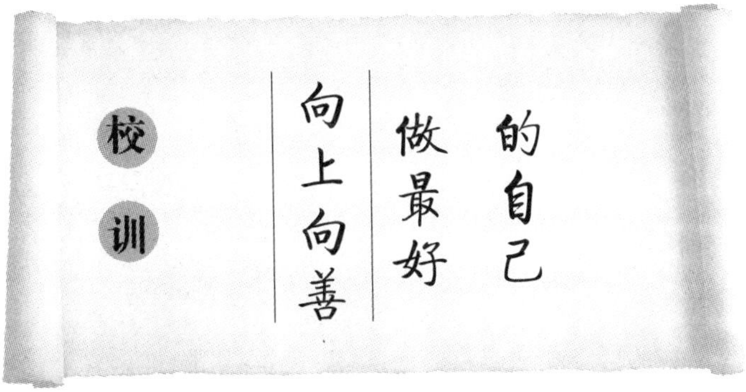

在思考中认识自我、在实践中完善自我。无论师生，今天比昨天努力，明天比今天进步，朝着理想和目标迈进，就能做最好的自己。

校风：远志　博学　进取　创优

教风：学识吸引　常规规范　情绪感染　赏识激励

学风：勤学　善思　进取　创优

教学楼

附 录

中国十大名校校训

1. 清华大学：自强不息　厚德载物

2. 中国人民大学：实事求是

3. 浙江大学：求是创新

4. 复旦大学：博学而笃志　切问而近思

5. 南京大学：诚朴雄伟　励学敦行

6. 上海交通大学：饮水思源　爱国荣校

7. 中国科技大学：红专并进　理实交融

8. 中山大学：博学　审问　慎思　明辨　笃行

9. 华中科技大学：明德厚学　求是创新

10. 武汉大学：自强　弘毅　求是　拓新

世界十大名校校训

1. 哈佛大学：让柏拉图与你为友，让亚里士多德与你为友，更重要的是，让真理与你为友

   Let Plato be your friend, and Aristotle, but more let your friend be truth

2. 剑桥大学：求知学习的理想之地

   Here light and sacred draughts

3. 麻省理工学院：学会动脑，也学会动手

   Mind and Hand

4. 斯坦福大学：自由之风永远吹拂

   The wind of freedom blows

5. 耶鲁大学：真理和光明

   Truth and Light

6. 牛津大学：主照亮我

The lord is my light

7. 加州理工学院：真理使人自由

The truth shall make you free

8. 普林斯顿大学：为国家服务，为世界服务

In the nation's service and in the service of all nations

9. 哥伦比亚大学：在上帝的神灵中我们寻求知识

In thy light we shall see light

10. 伯克利加州大学：让这里光芒闪耀

There be light